이동근의
일본어 클리닉

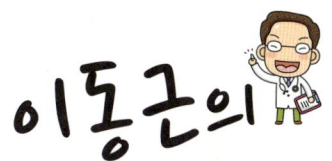

Dr.Lee's Japanese Clinic

이동근 저

일본어 으뜸
시사일본어사

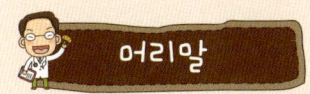

일본어는 외국어로서 우리 한국사람에게는 정말 쉬운 언어이지만, 하면 할수록 어렵게 느껴지는 것은 바로 다음과 같은 이유 때문이 아닐까!

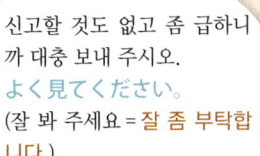

신고할 것도 없고 좀 급하니까 대충 보내 주시오.
よく見てください。
(잘 봐 주세요 = 잘 좀 부탁합니다.)

외국인이고 해서 왠만하면 바로 보내 주는데 자기 짐을 よく見てください。
(잘 봐 주세요 = 구석구석까지 잘 살펴봐라)라니 별 희한한 사람 다 보겠네!

일본어는 다른 외국어와 달리 70~80%의 단어 및 표현이 같기 때문에 정말 쉬운 언어이다. 하지만 같지 않은 나머지 20~30% 때문에, 즉 어떤 것이 같지 않은 20~30%의 단어 및 표현인지 모르기 때문에 공부를 하면 할수록 정말 어렵게 느껴지는 언어이기도 하다.

이 책은 한국어와 일본어에서 미묘한 차이를 보이는 단어 및 표현을 필자가 지난 25년간 정리한 내용 중 중급 수준 정도의 자료를 발췌하여 엮은 것이다. 독자가 올바른 일본어를 구사하는데 일익이 되길 바란다.

저자 이동근

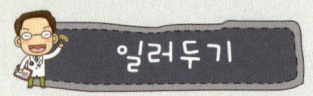

일러두기

이 책은 크게 3개의 장으로 이루어져 있습니다.

제1장 같은 단어 다른 뜻

한자가 같으니 뜻도 같을 것이라고 생각하여 사용한 단어가 예상과는 달리 상대는 전혀 알아듣지 못하거나 다른 의미로 받아들여 질 수 있습니다.

제2장 일본에는 없는 단어

있을 것이라고 생각하여 사용한 단어가 일본에는 없기 때문에 상대가 전혀 이해를 하지 못하는 경우가 있습니다.

제3장 약어 및 외래어

당연히 약어도 같으며, 외래어도 같을 것이라고 생각하여 사용한 단어를 상대는 무엇을 의미하는지 몰라 난감해할 수 있습니다.

이 책의 구성은

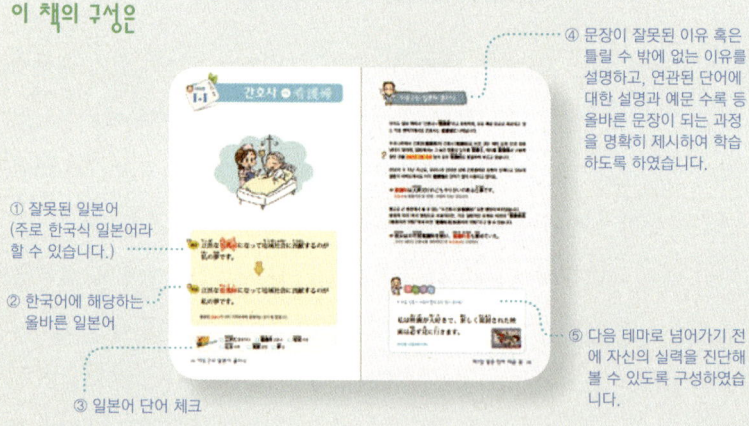

① 잘못된 일본어 (주로 한국식 일본어라 할 수 있습니다.)
② 한국어에 해당하는 올바른 일본어
③ 일본어 단어 체크
④ 문장이 잘못된 이유 혹은 틀릴 수 밖에 없는 이유를 설명하고, 연관된 단어에 대한 설명과 예문 수록 등 올바른 문장이 되는 과정을 명확히 제시하여 학습하도록 하였습니다.
⑤ 다음 테마로 넘어가기 전에 자신의 실력을 진단해 볼 수 있도록 구성하였습니다.

위와 같이 되어 있으며, 이와 같은 형식을 일관성 있게 유지함으로써 학습의 극대화를 꾀하였습니다.

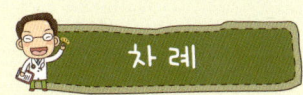

차 례

머리말 3
일러두기 4
실력 자기진단 Test 문제 8
실력 자기진단 Test 풀이 및 해답 10

제1장 같은 단어 다른 뜻 12

간호사 14
개봉 16
개인전 18
개학 20
건강검진 22
경쟁률 24
계산 26
계산기 30
계산대 32
계산적 34
고급 36
고층 38
기본요금 42
농사 46
농성 50
단식 52
단체사진 54
대학교 56
돋보기 58
돌풍 60
동거 62
동업 66
동전 68
만두 70
명품 72
목욕 74

묵념 78
문방구 80
반장 82
방어 86
방학 88
배낭 90
사람 94
생수 96
서기 98
선처 100
설경 102
성형수술 104
성형외과 106
속도위반 108
수녀 110
시계방향 112
시동 114
시청 116
식성 118
신호등 120
양복 122
연예인, 연예계 126
(전자)오락실 128
육교 130
음료수 132
인도 134
일식 136

자가용	140
잠복	142
정답	144
주범	146
주유	148
진동	152
초임	156
총무	158
통장정리	160
팔방미인	164
평생	168
할애	170
화장지	172
회식	176
휴게소	180
연습 문제	184

제2장 일본에는 없는 단어 186

개표	188
경차	190
고등학생	192
관중석	194
교무실	196
교복	198
구청	200
국가대표	202
대리운전	204
대중교통	206
대중탕	208
돌변	210
동영상	212
리듬체조	214
몸수색	216
미국	218
반환점	220
번호표	222
법원, 대법원	224
보관함	226
보육원	228
분리	230
분리수거	232
비밀번호	234
비상착륙	236
비장애인	238
서예	240
선풍적	242
수준급	244
시의원	246
식수	248
애창곡	250
야간열차	254
어린이집	256
여승	258
외계, 외계인	260
우주인	262
원위치	264

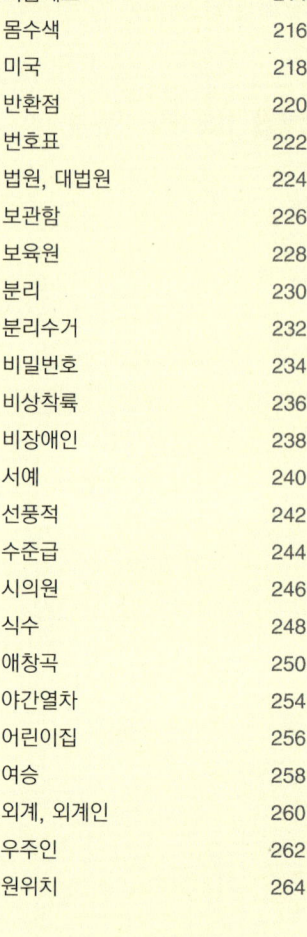

유방암	266
유통기한	268
은박지	272
은행장	274
일회용	276
재활용(센터)	278
저가항공사	280
졸업장	284
주5일 근무제	286
지역번호	288
지하상가	290
초보자	292
초보운전자	294
특실	296
폐지	298
하체	300
학점	304
핵무기	306
현금지급기	308
현위치	312
환풍기	314
연습 문제	316

제3장 약어 및 외래어 318

노트북	320
라식수술	322
리모델링	324
리필	326
립싱크	330
미팅	332
뷔페	334
비디오방	338
삼디(3D)	340
선크림	342
신용카드	344
신종플루	346
싱글맘	350
아시안게임	352
아이쇼핑	354
아파트	356
양담배	360
엑스레이	362
여고, 여고생	364
여대, 여대생	366
외제,	368
외제차	370
외화	372
원샷	374
원전	376
유엔	378
일제	382
케이블카	384
팬미팅	388
항모	390
연습 문제	392
어휘 색인	394
연습 문제 정답	400

실력 자기진단 Test 문제

 아래 문장은 다음의 한국어를 각각 일본어로 작문한 것입니다. 틀린 곳이 있으면 어디가 틀린 것인지 체크해 보시기 바랍니다. 어디가 틀렸는지 잘 알 수가 없다면 이 책을 통해 하나 하나 확인해 나가시길 바랍니다. (해답은 뒷 페이지에 있습니다.)

1. 보행자용 신호등은 없으니 육교를 건너 주십시오.
   → 歩行者用の信号灯はないので陸橋を渡ってください。

2. 쓰레기는 자원으로서 재활용할 수 있으므로 분리수거합니다.
   → ゴミは資源として再活用できるので、分離収去します。

3. 선불제이므로 먼저 계산을 마치고 번호표를 받아 주십시오.
   → 前払い制なので先に計算を済ませて番号票をもらってください。

4. 그는 화려한 성격으로 명품을 좋아하고, 외제차를 몰고 다녔다.
   → 彼は派手な性格で名品を好み、外製車を乗り回していた。

5. 고등학생은 오후 10시부터 오전 5시까지는 아르바이트를 할 수 없다.
   → 高等学生は午後10時から午前5時まではアルバイトをすることができない。

6. 나는 이치로와 누가 그 빵을 먹을지를 동전을 던져 정했다.
   → 私は一郎とだれがそのパンを食べるかを銅銭を投げて決めた。

7 매주 금요일은 자가용의 이용을 삼가고, 대중교통을 이용합시다.
→ 毎週金曜日は、自家用の利用を控え、大衆交通を利用しましょう。

8 그 여고생은 만날 때마다 다른 교복을 입고 있었다.
→ その女高生は会うたびに違う校服を着ていた。

9 도중에 대관령휴게소에 들러 주유를 했습니다.
→ 途中で大關嶺休憩所に寄って、注油をしました。

10 그녀는 대단히 현실주의이며 계산적인 데가 있습니다.
→ 彼女は非常に現実主義で計算的なところがあります。

11 그는 싱가폴 현지에서 일식집을 동업하고 있다.
→ 彼はシンガポール現地で日食レストランを同業している。

실력 자기진단 Test 풀이 및 답

1. 歩行者用の信号灯はないので陸橋を渡ってください。
   　　　　　　　　↓　　　　　　　　↓
   歩行者用の信号(機)はないので歩道橋を渡ってください。

   보행자용 신호등은 없으므로 육교를 건너 주십시오.
   　　　　　　p120　　　　　　　　　p130

2. ゴミは資源として再活用できるので、分離収去します。
   　　　　　　　　　↓　　　　　　　　　　↓
   ゴミは資源として再利用できるので、分別収集[or 分別回収]します。

   쓰레기는 자원으로서 재활용할 수 있으므로 분리수거합니다.
   　　　　　　　　　　p279　　　　　　　　p232

3. 前払い制なので先に計算を済ませて番号票をもらってください。
   　　　　　　　　↓ ↓
   前払い制なので先に会計を済ませて番号札をもらってください。

   선불제이므로 먼저 계산을 마치고 번호표를 받아 주십시오.
   　　　　　　　　　　p26　　　　　p222

4. 彼は派手な性格で名品を好み、外製車を乗り回していた。
   　　　　　　　　　　↓
   彼は派手な性格でブランド品[ブランド物]を好み、外車を乗り回していた。

   그는 화려한 성격으로 명품을 좋아하고, 외제차를 몰고 다녔다.
   　　　　　　　　　　p72　　　　　　　p370

5. 高等学生は午後10時から午前5時まではアルバイトをすることができない。
   　　　↓
   高校生は午後10時から午前5時まではアルバイトをすることができない。

   고등학생은 오후 10시부터 오전 5시까지는 아르바이트를 할 수 없다.
   　p192

6　私は一郎と<u>だれ</u>がそのパンを食べるかを<u>銅銭</u>を投げて決めた。
　　　　　　↓　　　　　　　　　　　　　↓
　　私は一郎とどっちがそのパンを食べるかをコイン[or 硬貨]を投げて決めた。

　　나는 이치로와 누가 그 빵을 먹을지를 동전을 던져 정했다.
　　　　　　　　　　　　　　p68

7　毎週金曜日は、<u>自家用</u>の利用を控え、<u>大衆交通</u>を利用しましょう。
　　　　　　　　↓　　　　　　　　　↓
　　毎週金曜日は、自家用車の利用を控え、公共交通を利用しましょう。

　　매주 금요일은 <u>자가용</u> 이용을 삼가고, <u>대중교통</u>을 이용합시다.
　　　　　　　　p140　　　　　　　　　p206

8　その<u>女高生</u>は会うたびに違う<u>校服</u>を着ていた。
　　　　↓　　　　　　　　　　↓
　　その女子高生は会うたびに違う制服を着ていた。

　　그 <u>여고생</u>은 만날 때마다 다른 <u>교복</u>을 입고 있었다.
　　　　p365　　　　　　　　　p198

9　途中で大關嶺<u>休憩所</u>に寄って、<u>注油</u>をしました。
　　　　　　　　↓　　　　　　　↓
　　途中で大關嶺ＳＡに寄って、給油をしました。

　　도중에 대관령 <u>휴게소</u>에 들러 <u>주유</u>를 하였습니다.
　　　　　　　　p180　　p148

10　彼女は非常に現実主義で<u>計算的</u>なところがあります。
　　　　　　　　　　　　　↓
　　彼女は非常に現実主義で計算高いところがあります。

　　그녀는 대단히 현실주의이며 <u>계산적</u>인 데가 있습니다.
　　　　　　　　　　　　　　　p34

11　彼はシンガポール現地で<u>日食</u>レストランを<u>同業</u>している。
　　　　　　　　　　　　↓　　　　　　　↓
　　彼はシンガポール現地で日本食レストランを共同経営している。

　　그는 싱가포르 현지에서 <u>일식집</u>을 <u>동업</u>하고 있다.
　　　　　　　　　　　　p137　　p66

Chapter 1

같은 단어
다른 뜻

 자가진단

※ 다음 일본어 가운데 틀린 곳을 찾아 보세요!

りっぱ　かんごふ　　　　　　ちいきしゃかい　こうけん
立派な看護婦になって地域社会に貢献する
　　　　わたし　ゆめ
のが私の夢です。

해답은 다음 페이지에

 **Dr.Lee's Japanese Clinic**

제 1장에서는 한국어 단어와 같다고 생각하여 무심코 직역을 하게되면, 본인의 의도와는 전혀 다르게 전달될 수 있는 일본어 단어들을 다루고 있습니다.

　예를 들면 아래 그림에서와 같이, 우리말 "팔방미인"과 일본어 "八方美人(はっぽうびじん)"이라는 말을 듣게 된 한국인과 일본인의 표정을 각각 비교해 보았는데요. 왜 이처럼 두 여성의 표정이 다른 걸까요? 자세한 이유는 본문(p164)에 설명되어 있습니다.

당신은 팔방미인이군요!

あなたは 八方美人ですね。

한국인 여성　　일본인 여성

간호사 vs 看護婦

NO 立派な看護婦になって地域社会に貢献するのが私の夢です。

YES 立派な看護師になって地域社会に貢献するのが私の夢です。

훌륭한 간호사가 되어 지역사회에 공헌하는 것이 제 꿈입니다.

Words Check
- 立派だ 훌륭하다
- 看護師 간호사
- 地域 지역
- 社会 사회
- 貢献 공헌
- 夢 꿈

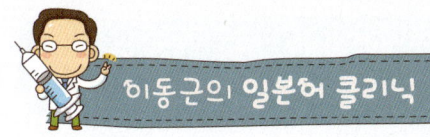

아직도 많은 책에서 "간호사=看護婦(かんごふ)"라고 표현하며, 무료 혹은 유료로 제공되고 있는 각종 번역기에서도 간호사는 看護婦로 나타납니다.

우리나라에서 간호원(看護員)이 간호사(看護師)로 바뀐 것은 이미 오래 전인 1980년대의 일이며, 일본에서는 그 동안 법률상 남자를 看護士(かんごし), 여자를 看護婦(かんごふ)로 구분해 왔던 것을 2002년 3월 이후 남녀 모두 看護師(かんごし)로 통일하여 부르고 있습니다.

20년이 더 지난 지금도, 우리나라 인터넷 상에 간호원이란 표현이 넘쳐나고 있듯이 일본의 사이트에서도 아직 看護婦란 단어가 많이 사용되고 있지요.

● 看護師は大変(たいへん)だけれどもやりがいのある仕事(しごと)です。
　　간호사는 힘들지만 할 만한(=보람이 있는) 일입니다.

참고로 큰 병원에서 볼 수 있는 "수간호사(首看護師)" 또한 명칭이 바뀌었습니다. 병원에 따라 여러 명칭으로 사용되지만, 가장 일반적인 표현은 이전의 "看護婦長(かんごふちょう)(婦長이라 약칭)"에서 바뀐 "看護師長(師長이라 약칭)"라고 할 수 있습니다.

● 彼女(かのじょ)は30年間(ねんかん)看護師を続(つづ)け、看護師長(かんごしちょう)も務(つと)めていた。
　　그녀는 30년간 간호사를 계속하였으며 수간호사도 지냈었다.

※ 다음 일본어 가운데 틀린 곳을 찾아 보세요!

私は映画(えいが)が大好(だいす)きで、新(あたら)しく開封(かいふう)された映画は必(かなら)ず見(み)に行(い)きます。

해답은 다음페이지에

開封 vs 開封

NO 私は映画が大好きで、新しく開封された映画は必ず見に行きます。

YES 私は映画が大好きで、新しく封切られた映画は必ず見に行きます。

저는 영화를 아주 좋아하여 새로 개봉된 영화는 반드시 보러 갑니다.

Words Check
- □ 映画 영화
- □ 好きだ 좋아하다
- □ 新しい 새롭다
- □ 開封 개봉
- □ 封切る 개봉하다
- □ 必ず 반드시
- □ 見る 보다
- □ 行く 가다

 이동근의 일본어 클리닉

우리말 "개봉"은 "봉하여 두었던 것을 떼거나 열다"는 뜻을 가진 단어이며, 이 경우 한일 양국에서 공통적으로 사용됩니다.

● 遺言状は親族がすべて揃ってから開封することになっている。
유언장은 친족이 모두 모이고 나서 개봉하기로 되어 있다.

● このタイムカプセルは30年後に開封される予定です。
이 타임캡슐은 30년 후에 개봉될 예정입니다.

그런데 우리말에는 예문과 같이 "새 영화를 처음으로 상영하다"는 또 하나의 뜻을 가지고 있는데, 일본어 "開封"에는 이 뜻이 없습니다.

● 2008年4月に映画化されて、韓国でも全国一斉に封切られました。
2008년 4월에 영화화되어, 한국에서도 전국 일제히 개봉되었습니다.

영화에서 말하는 "개봉하다"는 "封切る" 혹은 "封切(り)する"라고 합니다. 따라서 "개봉되다"는 "封切られる、封切(り)される、封切(り)になる"의 형태를 가집니다.

YES 他人の手紙を隠したり開封することは犯罪です。
남의 편지를 숨기거나 개봉하는 것은 범죄입니다.

 자가진단

※ 다음 일본어 가운데 틀린 곳을 찾아 보세요!

駅前のギャラリーでK画伯の個人展が開かれていました。

해답은 다음페이지에

제1장 같은 단어 다른 뜻 17

개인전 vs 個人展

NO 駅前のギャラリーでK画伯の個人展が開かれていました。

YES 駅前のギャラリーでK画伯の個展が開かれていました。

역 앞 갤러리에서 K화백의 개인전이 열리고 있었습니다.

Words Check
- □ 駅 역 □ 前 앞 □ ギャラリー 갤러리 □ 画伯 화백
- □ 個展 개인전 □ 開かれる 열리다

 이동근의 일본어 클리닉

우리말 "개인전"에는 운동경기에서 개인끼리 승부를 겨루는 개인전(個人戰)과 미술 및 사진 등에서 사용하는 개인전(個人展)이 있습니다.

- 卓球に出場したAは個人戦で金メダル、団体戦で銅メダルを獲得した。
  탁구에 출전한 A는 개인전에서 금메달, 단체전에서 동메달을 획득했다.

그런데 위 예문과 같이 운동의 경우에는 두 나라가 같은 표현을 사용하지만, 아래 예문과 같이 "한 개인의 작품만을 모아서 하는 전시"를 뜻하는 개인전(個人展)의 경우, 일본에서는 "個展"이라고 합니다.

- ドイツで活動する陶芸家Bさんが、ソウル市内2カ所で個展を開いている。
  독일에서 활동하는 도예가 B씨가 서울시내 두 군데서 개인전을 열고 있다.

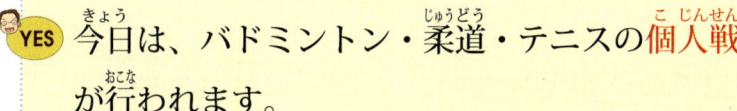

YES 今日は、バドミントン・柔道・テニスの個人戦が行われます。

오늘은 배드민턴, 유도, 테니스의 개인전이 벌어집니다.

 자가진단

※ 다음 일본어 가운데 틀린 곳을 찾아 보세요!

日本の4月とは違い、韓国では3月に開学します。

해답은 다음페이지에

개학 vs 開学

NO 日本の４月とは違い、韓国では３月に開学します。

YES 日本の４月とは違い、韓国では３月に新学期が始まります。

일본의 4월과는 달리 한국에서는 3월에 개학합니다.

Words Check
- ☐ 日本 일본
- ☐ 違う 다르다
- ☐ 韓国 한국
- ☐ 開学 개교
- ☐ 新学期 신학기
- ☐ 始まる 시작하다

"방학, 휴교 따위로 한동안 쉬었다가 수업을 다시 시작함"라는 뜻을 가진 우리말과는 달리, 일본어 "開学"은, "학교(특히 대학)를 설립하여 교육활동을 시작함"이라는 뜻을 가진 말로 아래와 같은 문장어로서 사용하는 단어입니다.

 開学当初のＳ大学は、地元で必要な技術者を訓練するための大学だった。
　　개교 당초의 S대학※은 고장에서 필요한 기술자를 훈련하기 위한 대학이었다.
　　(※ 미국의 스탠퍼드 대학교의 설명 중에서)

우리나라에서 흔히 사용하는 "개학하다"는 일반적으로 "新学期が始まる(신학기가 시작되다)"라고 합니다.

 長い夏休みが終わって、いよいよ新学期が始まった。
　　긴 여름 방학이 끝나고, 드디어 개학을 했다.

일본상식

1. 일본의 관공서와 기업 등의 회계연도는 4월 1일에 시작하여 이듬해 3월31일에 끝나는데, 학교도 이에 맞춰 학년이 이루어진다.

2. 일본의 대학교는 2학기제이지만, 초중고는 3학기제를 실시하고 있다. 일반적으로 4~7월을 1학기, 9월~12월을 2학기, 1월~3월을 3학기로 하고 있다. 최근에 일부 학교에서 효율적인 학습을 위하여 2학기제로 전환하려고 하지만 아직 그 수가 많지 않다.

※ 다음 일본어 가운데 틀린 곳을 찾아 보세요!

健康検診を受けることで、色々な異常を発見することができる。

해답은 다음페이지에

제1장 같은 단어 다른 뜻 21

건강검진 vs 健康検診

NO 健康検診（けんこうけんしん）を受（う）けることで、色々（いろいろ）な異常（いじょう）を発見（はっけん）することができる。

YES 健康診断（けんこうしんだん）を受（う）けることで、色々（いろいろ）な異常（いじょう）を発見（はっけん）することができる。

건강검진을 받음으로써 여러 가지 이상을 발견할 수가 있다.

Words Check
□ 健康診断(けんこうしんだん) 건강검진　□ 検診(けんしん) 검진　□ 診断(しんだん) 진단
□ 受(う)ける 받다　□ 異常(いじょう) 이상　□ 発見(はっけん) 발견

 히동근의 일본어 클리닉

우리말에 몸의 건강상태를 검사하는 것을 "건강검진" 혹은 "건강진단"이라고 하는데, 사전적인 풀이나 실제 사용에서 그 차이를 느낄 수가 없습니다.

그런데 일본에서는 몸의 건강상태를 검사하는 일을 "健康診断(けんこうしんだん)"이라고 합니다.

健康診断이란 진찰 및 각종 검사를 통하여 건강상태 전체의 정도를 평가하는 것입니다. 다른 말로 健診(けんしん) 혹은 健康審査(けんこうしんさ)라고도 불립니다.

참고로 検診(けんしん)이란 癌検診(がん)(암 검진)과 같이 처음부터 일부 장기에 대하여 이상 유무를 체크하여 정상인지 여부를 판단하는 것을 가리킵니다.

- 毎年(まいねん)検診(けんしん)を受(う)けていたので、早期(そうき)にがんを発見(はっけん)することができた。
  매년 검진을 받고 있었기 때문에 조기에 암을 발견할 수가 있었다.

- 眼鏡(めがね)・コンタクトレンズを買(か)うときに眼科(がんか)検診(けんしん)を受(う)けることはとても重要(じゅうよう)だ。
  안경, 콘택트렌즈를 살 때에 안과 검진을 받는 것은 매우 중요하다.

 자가진단

＊다음 일본어 가운데 틀린 곳을 찾아 보세요!

(競争率(きょうそうりつ))約(やく)3.5対(たい)1。最(もっと)も競争率(きょうそうりつ)が高(たか)い企業(きぎょう)は約15対1だった。

해답은 다음페이지에

제1장 같은 단어 다른 뜻

경쟁률 vs 競争率

NO 平均(競争率)約3.5対1。最も競争率が高い企業は約15対1だった。

YES 平均(競争率)約3.5倍。最も競争率が高い企業は約15倍だった。

평균(경쟁률) 약 3.5 대 1. 가장 경쟁률이 높은 기업은 약 15대 1이었다.

Words Check
- 平均(へいきん) 평균
- 競争率(きょうそうりつ) 경쟁률
- 約(やく) 약
- 対(たい) 대
- 倍(ばい) 배
- 最(もっと)も 가장
- 高(たか)い 높다
- 企業(きぎょう) 기업

# 이동근의 일본어 클리닉

사람 및 사물의 대비 혹은 비율을 나타내는 "대(對)"는 한국과 일본에서 대부분 아래와 같이 나타냅니다.

- 私たちの野球チームは善戦したが、3対1で敗れた。
  우리 야구팀은 선전했지만 3대 1로 패했다.

- 投票の結果250対180で法案は可決された。
  투표의 결과 250대 180으로 법안은 가결되었다.

그러나 예문과 같이 "경쟁률"의 경우, 일본에서는 다음과 같이 표현합니다.

- 昨年は約2万人が応募し、競争率は100倍だった。
  작년에는 약 2만 명이 응모하여, 경쟁률은 100대 1이었다.

그리고 경쟁률의 의미로 우리나라와는 달리 아래의 "배율"이란 단어도 많이 사용하는데, 이 경우의 용법은 위의 "競争率"과 똑같다고 할 수 있습니다.

- 彼女は数千倍の倍率をくぐり抜けてＫＢＳの女子アナウンサーに選ばれた。
  그녀는 수천 대 일의 경쟁률을 뚫고 KBS의 여자 아나운서로 뽑혔다.

 자가진단

*다음 일본어 가운데 틀린 곳을 찾아 보세요!

レストランで男が計算をするのは常識だと思います。

해답은 다음페이지에

계산 VS 計算

NO レストランで男が計算をするのは常識だと思います。

YES レストランで男が勘定をするのは常識だと思います。

레스토랑에서 남자가 계산을 하는 것은 상식이라고 생각합니다.

Words Check
- □ レストラン 레스토랑
- □ 男 남자
- □ 計算 계산
- □ 勘定 계산
- □ 常識 상식

우리말 "계산"과 일본어 "計算"은 "①수를 헤아리다. ②어떤 일을 예상하거나 고려함" 등에서 같은 뜻으로 폭넓게 사용하고 있는 단어입니다.

- 去年１年間で車にかかった費用を計算してみた。
  작년 1년 동안에 차에 들어간 비용을 계산해 보았다.

- ホテルの場合は、通話料金が自動的に計算されます。
  호텔의 경우는, 통화요금이 자동적으로 계산됩니다.

그런데 같아 보이는 두 단어의 큰 차이 중 하나는, 일본어 "計算"에는 우리말에 있는 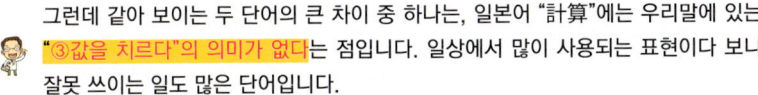는 점입니다. 일상에서 많이 사용되는 표현이다 보니 잘못 쓰이는 일도 많은 단어입니다.

우리말 "계산"과 뜻이 가장 가까운 단어는 "勘定"인데, 활용범위가 대단히 넓고 ③의 의미까지도 포함하는 단어입니다. "勘定を払う(＝勘定する)、勘定を済ませる"의 꼴로 많이 사용됩니다.

- 勘定を済ませて、レストランを出た途端、雪が降ってきました。
  계산을 마치고 레스토랑을 나온 순간, 눈이 내렸습니다.

③의 뜻인 우리말 "계산(계산하다)"에 직역인 "計算(計算する)"을 쓰면 부적절한 표현이 되는 예를 몇 가지 더 소개하도록 하겠습니다.

1. 出す(내다) ← お金を出す

- 今日は私がお願いして来てもらったので食事代は私が出します!
  오늘은 제가 부탁해서 와 주셨으니까 식사비는 제가 계산하겠습니다.

2. 支払う(지불하다), 払う(치르다)

- ここ [今日、今度(今回)、この場]は私に払わせて下さい。
  여기(이것)[오늘, 이번(것), 이 자리]는 제가 계산하겠습니다.

3. 奢る(사다, 쏘다)

- 今日は私がおごりますから、安心して[好きなだけ]食べてください。
  오늘은 제가 계산할 테니까, 마음 놓고[마음껏] 드십시오.

4. 会計 : 우리말과 달리 일상어이며, "계산대"의 뜻으로도 사용된다.

- このレストランは先に注文と会計を済ませてから、席に案内されます。
  이 레스토랑은 먼저 주문과 계산을 마치고 나서, 자리에 안내를 받습니다.

- お会計はご一緒ですか、それとも別々にしますか?
  계산은 함께하시겠습니까, 아니면 따로 해 드릴까요?

5. 精算 : 우리말과 달리 일상어

- チェックアウト時には個人的な費用を必ず各自で精算してください。
  체크아웃 시에는 개인적인 비용을 반드시 각자 계산해 주십시오.

이동근 샘의 +Plus 일본어 문진 처방

Q : 선생님, 한국에서는 식사나 회식 자리에서 자기가 계산을 할 때 보통 '밥을 사다', '술을 사다'라고 말하는데요. 일본어의 경우에도 '사다'라는 표현을 사용하나요?

A : 네, 좋은 질문입니다. 우리말 '사다'에 해당하는 일본어 "買う"는 "값을 치르고 어떤 물건이나 권리를 자기 것으로 만들다"라는 기본적인 의미와 환심, 반감, 원한, 빈축 등 다른 사람에게 "어떤 감정을 가지게 하다"라는 의미를 가지고 있습니다. 우리말처럼 "음식 따위를 함께 먹기 위하여 값을 치르다"라는 의미는 없으며, 이와 같은 경우에는 좌측 3번의 "奢る"를 사용하면 된답니다.

● 昨夜先輩が新鮮なシーフードを奢ってくれると言って出かけた。
　어젯밤 선배가 신선한 씨푸드를 사 주겠다고 해서 나갔다.

● この前おごってもらったから、今日はおごるよ。
　요전에 (네가) 사 주었으니까, 오늘은 (내가) 살게.

● 子供は親の歓心を買うために、自分で自分を傷つけていた。
　아이는 부모의 환심을 사기 위해, 자기 스스로에게 상처를 입히고 있었다.

* 다음 일본어 가운데 틀린 곳을 찾아 보세요!

このごろは簡単な計算も計算機がないとできない人が多い。

해답은 다음페이지에

제1장 같은 단어 다른 뜻

계산기

このごろは簡単（かんたん）な計算（けいさん）も計算機（けいさんき）がないとできない若者（わかもの）が多（おお）い。

요즘은 간단한 계산도 계산기가 없으면 못하는 젊은이가 많다.

Words Check ☐ 簡単 간단 ☐ 計算機 계산기 ☐ 若者 젊은이

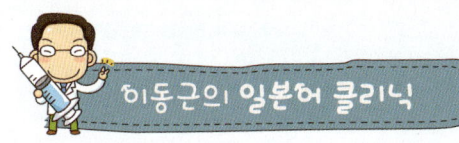

우리가 흔히 일컫는 "계산기"는 "전자계산기"를 줄인 말인데, 예문의 의미가 통하지 않는다고 할 수는 없습니다. 다만, 일본어 "計算機(けいさんき)"는 우리말보다 넓은 의미의 말이며 무엇보다 "電子計算機(でんしけいさんき)"는 "컴퓨터"를 지칭하는 법률상 호칭입니다.

계산을 위해 휴대용으로 소지하거나 책상에 놓고 계산할 때 사용하는 "(전자)계산기"는 일반적으로 "電卓"이라고 부르고 있습니다.

- 祖父(そふ)は計算するのに、電卓(けいさん)よりそろばんのほうが楽(らく)だそうです。
  할아버지는 계산하는데, 계산기보다 주판이 더 편하다고 합니다.

※ 다음 일본어 가운데 틀린 곳을 찾아 보세요!

その売店(ばいてん)はあまり大(おお)きくない上(うえ)に、計算台(けいさんだい)が 1つしかありません。

해답은 다음페이지에

계산대

NO その売店はあまり大きくない上に、計算台が1つしかありません。

YES その売店はあまり大きくない上に、レジが1つしかありません。

그 매점은 별로 크지 않은 데다가, 계산대가 하나 밖에 없습니다.

Words Check
- 売店 레스토랑
- あまり 별로, 그다지
- 大きい 크다
- ～上に ~인 데다가
- レジ 계산대

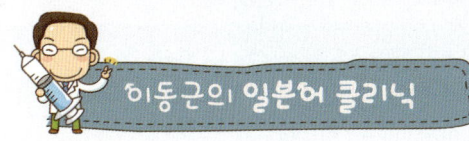

"계산대"란 식당이나 상점 같은 데서, 계산하기 위하여 마련한 대를 말하는데, 대형 할인점의 경우 10개가 넘는 많은 계산대가 있는 곳도 있습니다.

손님 お客_{きゃく}さん

계산원 レジ係_{がかり}

계산대는 일본어로 "レジ(カウンター)"라고 하는데, 영어인 Register(금전 등록기)가 그 어원이라 할 수 있습니다.

● 席_{せき}を決_きめていただいてあちらのレジで先_{さき}に会計_{かいけい}お願_{ねが}いします。
  자리를 정하시고 저쪽 계산대에서 먼저 계산하시기 바랍니다.

● 買_かい物_{もの}をしてレジでお勘定_{かんじょう}を払_{はら}っている時_{とき}にその地震_{じしん}が起_おこった。
  물건을 사고 계산대에서 계산을 하고 있을 때에 그 지진이 일어났다.

※ 다음 일본어 가운데 틀린 곳을 찾아 보세요!

一般的_{いっぱんてき}には「計算的_{けいさんてき}だ」はいい意味_{いみ}で用_{もち}いられる表現_{ひょうげん}ではありません。

해답은 다음페이지에

계산적

> **NO** 一般的(いっぱんてき)には「計算的(けいさんてき)だ」はいい意味(いみ)で用(もち)いられる表現(ひょうげん)ではありません。
>
>
>
> **YES** 一般的には「計算高(けいさんだか)い」はいい意味で用いられる表現ではありません。
>
> 일반적으로는 "계산적이다"는 좋은 의미로 사용되는 표현이 아닙니다.

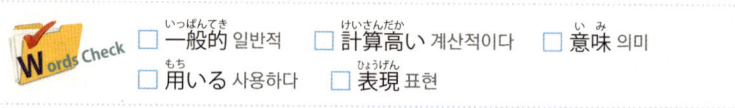

- 一般的(いっぱんてき) 일반적
- 計算高(けいさんだか)い 계산적이다
- 意味(いみ) 의미
- 用(もち)いる 사용하다
- 表現(ひょうげん) 표현

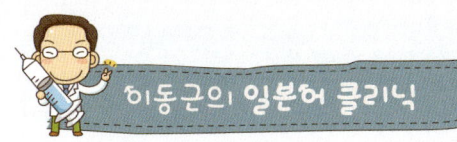

어떤 일이 자기에게 이해득실이 있는지 따져 보는 행동을 흔히 "계산적이다"라고 합니다. 계산과 관련된 단어 중에 "계산적"이라는 말도 많이 쓰이는데, 이 단어 또한 일본어에 없으므로 주의해야 합니다.

- 彼は計算高い面があり、自分ひとりが損をするようなことはしない。
  그는 계산적인 면이 있으며, 자기 혼자가 손해를 보는 짓은 하지 않는다.

- 勘定高いアメリカ人は不利な戦争を長く続けようとはしないだろう。
  계산적인 미국인은 불리한 전쟁을 오래 계속하려고는 하지 않을 것이다.

일본에서는 "이해득실을 따지는" 행동을 "計算高い" 혹은 "勘定高い"라고 합니다. 또 다른 말로 打算的을 사용할 수도 있습니다.

- こんな打算的な女性は「お金のない男性」には見向きもしません。
  이런 타산적(계산적)인 여성은 "돈이 없는 남성"은 거들떠보지도 않습니다.

※ 다음 일본어 가운데 틀린 곳을 찾아 보세요!

英語はレベルによって、初級、中級、高級コースに分かれています。

해답은 다음페이지에

고급 VS 高級

NO 英語はレベルによって、初級、中級、高級コースに分かれています。

YES 英語はレベルによって、初級、中級、上級コースに分かれています。

영어는 수준에 따라, 초급, 중급, 고급 코스로 나누어져 있습니다.

Words Check
- 英語 영어
- レベル 수준, 레벨
- 初級 초급
- 中級 중급
- 高級 고급
- 上級 고급, 상급
- 分かれる 갈리다, 나누어지다

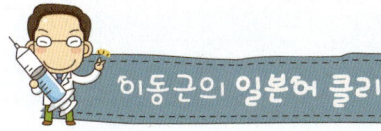

우리나라에서는 학교나 학원 등에서 편성한 반 가운데 상대적으로 수준이 높은 반을 "고급반"이라고 부르고 있습니다. 주로 과정을 3단계로 나눌 때 "초급, 중급, 고급"으로 나누며, 초급 앞에 "입문 혹은 기초" 과정을 두는 경우도 있습니다.

일본에서도 우리나라와 거의 비슷한 분류를 하고 있으나 "고급(반)"은 "上級(クラス)"라고 표현하고 있으므로 주의하시기 바랍니다. (다만, "반=クラス"가 되는 이유는 p84 참조)

- 美容講座は基礎、中級、上級の３課程から成っています。
  미용강좌는 기초, 중급, 고급의 3개 과정으로 이루어져 있습니다.

- 上級クラスは数年以上フランス語を学んだ人を対象にしています。
  고급반은 수년 이상 불어를 배운 사람을 대상으로 하고 있습니다.

그 외의 "고급(스럽다)"은 대체로 "高級(だ)"로 나타낼 수 있으므로 예문을 생략합니다. 다만 아래의 표현은 직역을 하면 안 되므로 꼭 알아두도록 합시다.

- 美食家の彼女は、口がおごっているので、こんな物は食べないだろう。
  미식가인 그녀는, 입이 고급이라서, 이런 것은 먹지 않을 것이다.

※ 다음 일본어 가운데 틀린 곳을 찾아 보세요!

実際、高層に住んだことがないので、少し怖さを感じます。

해답은 다음페이지에

고층 VS 高層

NO 実際、高層に住んだことがないので、少し怖さを感じます。

YES 実際、高層階(=高い階)に住んだことがないので、少し怖さを感じます。

실제로, 고층에 살았던 적이 없기 때문에, 조금 무서움을 느낍니다.

Words Check
- □ 実際 실제
- □ 高層 고층
- □ 高層階 고층
- □ 少し 조금
- □ 怖さ 무서움, 공포
- □ 感じる 느끼다

층(層)은 지식층, 석탄층, 오존층처럼 아주 폭넓게 사용되는 명사이며, 접미사로도 많이 사용되는 단어입니다. 대체로 우리말과 일본어는 "층 = 層"의 관계를 보이지만, 건물의 층을 나타낼 때 일본에서는 "層(そう)"라 하지 않고 "階(かい)"라는 단어를 사용합니다.

다만 "고층빌딩(高層(こうそう)ビル)"이나 "저층주택(低層住宅(ていそうじゅうたく))"처럼 전체를 나타낼 때는 "層"을 사용하고 있습니다.

● 香港(ほんこん)は高層ビルが多(おお)いですが、多(おお)い理由(りゆう)は何(なん)ですか？
　홍콩은 고층건물이 많습니다만, 많은 이유는 무엇입니까?

● 一般的(いっぱんてき)に、低層マンションは3階(がい)から10階未満(かいみまん)を指(さ)すことが多い。
　일반적으로, 저층아파트는 3층에서 10층 미만을 가리키는 일이 많다.

사실 예문의 우리말 "고층"의 경우 일본어로 고치기가 쉽지 않습니다. 왜냐하면 일본어의 "高層"은 건물 전체를 나타내는 말로 "高層ビル"을 의미하는데 반해, 우리말 "고층"은 건물의 전체 높이를 나타내기도 하지만, 건물 내 높이를 3단계로 나누어 표현할 때도 사용하는 말이기 때문입니다.

특별한 기준이 있는 것은 아니지만 대략 다음과 같이 나눌 수 있습니다. 10층과 30층 건물을 각각 예로 들었지만 100층 건물일 경우 50~60층도 중층이 됩니다.

8층 이상　21층 이상
← 고층(高層階) →

4~7층　10~20층
← 중층(中層階) →

3층 이하　9층 이하
← 저층(低層階) →

중층건물(中層ビル) 고층건물(高層ビル)

사진의 예처럼 10층 정도의 결코 고층이 아닌 건물이라도 9층이나 10층에 사는 주민은 "고층"에 산다고 할 것입니다. 이때의 "고층"은 일본어로 "高層階"라고 하며, 같은 말로 "高い階(높은 층)"이라고 표현할 수도 있습니다.

● 高い階に住んでいる人ほど、油断して施錠していない。
　　고층에 살고 있는 사람일수록, 방심하여 자물쇠를 안 채우고 있다.
　（※施錠する＝鍵をかける "자물쇠를 채우다"의 뜻으로 일본에서는 일상어）

● 低層階には映画館や飲食店を中心とした商業施設が入っています。
　　저층에는 영화관이나 음식점을 중심으로 한 상업시설이 들어서 있습니다.

이동근 샘의 +Plus 일본어 문진 처방

Q : 선생님, 한국에서는 건물 뿐 아니라 사람에게도 '훌륭하다', '대단하다'는 의미를 담아 '높은 사람'이라는 표현을 사용하는데요. 일본에서도 이와 같은 표현을 사용하나요?

A : 네, 우리말의 '높다'에 해당하는 일본어는 "高い"이며, 이 "高い"는 지위, 신분, 직위 등이 높음을 표현할 때도 사용이 가능합니다. 하지만, 우리말에서처럼 '높은 사람'이라고 축약하여 말할 때에는 "高い"가 아닌, "偉い"라는 표현을 사용합니다.

- 政治の中心地北京に行けば地位の高い人がたくさんいます。
  정치의 중심지 베이징에 가면 지위가 높은 사람이 많이 있습니다.

- 当時、本社には部長よりも偉い人たちがたくさんいた。
  당시, 본사에는 부장보다 높은 사람들이 많이 있었다.

- 裁判所の一番偉い人は、最高裁判所長官です。
  법원의 가장 높은 사람은 대법원장입니다.

* 다음 일본어 가운데 틀린 곳을 찾아 보세요!

現在、東京都内のタクシーの基本料金は2kmまで710円です。

해답은 다음페이지에

제1장 같은 단어 다른 뜻

기본요금 vs 基本料金

NO 現在(げんざい)、東京都内(とうきょうとない)のタクシーの ~~基本料金(きほんりょうきん)~~ は2km まで710円(えん)です。

YES 現在(げんざい)、東京都内(とうきょうとない)のタクシーの 初乗(はつの)り運賃(うんちん) は2km まで710円です。

현재, 도쿄 도내의 택시의 기본요금은 2km까지 710엔입니다.

Words Check
- 都内(とない) 도내
- タクシー 택시
- 基本(きほん) 기본
- 料金(りょうきん) 요금
- 初乗(はつの)り 첫 승차
- 運賃(うんちん) 운임
- 値上(ねあ)げ 인상

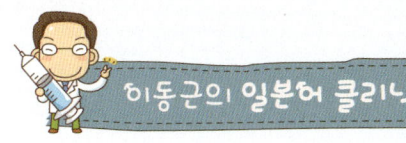

틀리지는 않았지만 일반적인 표현은 아닙니다. "기본요금"이란 설비나 서비스 따위를 이용하는 데에 기본적으로 내야 하는 돈을 말하며, 주로 전화, 가스 및 택시 등에서 사용되고 있으며 일본에서도 "基本料金"이라고 합니다.

- 日本通信は、4月から電話基本料金を値下げすると発表した。
  일본 통신은, 4월부터 전화 기본요금을 인하한다고 발표했다.

다만 택시의 경우 이 말 대신에 "初乗り運賃(혹은 料金)"을 주로 사용합니다.

- 釜山の一般タクシーの初乗り料金が2200ウォンから2800ウォンに値上げされる。
  부산의 일반 택시의 기본요금이 2200원에서 2800원으로 인상된다.

그리고 이 "初乗り運賃"이란 말은 버스나 지하철 등 대중교통에도 사용할 수 있는데, 이때의 해석은 "1구간요금(운임)"이라 합니다.

- 現在地下鉄の初乗り運賃が世界で一番高い都市はロンドンです。
  현재 지하철의 1구간 운임이 세계에서 가장 비싼 도시는 런던입니다.

일본의 버스는 우리나라와 달리 대부분 거리에 따라 요금이 올라가며, 지하철도 거리에 따라 요금차이가 많이 납니다.

 참고

〈택시요금의 한일 비교〉
도쿄에서는 2007년 12월 3일부터 택시요금의 현실화(?)를 위해 그때까지 최초 2km까지 660엔이던 기본요금을 710엔으로 올렸다고 한다. 이후 288m마다 90엔씩 가산된다.
한국의 현행 택시요금과 비교하면 정말 비싸다고 할 수 있다. 거리와 요금은 지역에 따라 조금씩 다르며, 주로 택시 뒷문에 표시되어 있다. 또한 일본의 택시는 세계에서 유일하게 뒷문이 자동문이다.

일본은 우리와 같이 미터제를 채택하고 있으며, "미터기"는 "(タクシー)メーター"라고 합니다.

- フランスのタクシーはメーター制なので比較的安心して利用できる。
  프랑스의 택시는 미터제이므로 비교적 안심하고 이용할 수 있다.

- 台北のタクシーはチップも不要で、メーター通りに払えばいいです。
  타이페이의 택시는 팁도 필요 없고, 미터기대로 지불하면 됩니다.

그런데, 일본에서는 택시의 "기본요금"으로 해석할 수 있는 단어가 또 있는데, 일본식 외래어인 "ワンメーター"가 그것입니다. 원래 택시업계에서 사용하던 말이었으나 지금은 그다지 멀지 않은 거리(2km 전후)임을 나타낼 때 일상어로서 많이 사용되고 있습니다.

- 距離にして約2キロ、タクシーでもワンメーターで行ける距離です。
  거리로 따져 약 2킬로, 택시로도 기본요금이면 갈 수 있는 거리입니다.

- タクシーだと千円もかかりません。ワンメーターかツーメーターぐらいです。
  택시라면 천엔도 안 나옵니다. 기본요금에서 조금 더 나올 정도입니다.

※ ワンメーター(one meter, 미터기 한 번 즉 기본요금)
　 ツーメーター(two meter, 미터기 두 번 즉, 첫 번째 추가요금)

이동근 샘의 +Plus 일본어 문진 처방

Q : 선생님, 거리를 나타낼 때 약 4km를 1리(里)라고도 하잖아요. 그런데 '엄마 찾아 삼만리'가 일본에서는 '엄마 찾아 삼천리'이더라고요. 어째서 한국과 일본의 제목이 다른 거죠?

A : 네, 이것은 우리말의 '리'와 일본어의 "里"에는 거리의 차이가 있기 때문입니다. 우리나라에서 1리는 약 0.393km를 말하는데 반해, 일본의 "1里"는 3927.2m를 나타내거든요. 일본에서 에드몬도 데 아미치스(Edmondo De Amicis)의 소설 쿠오레 (Cuore)를 일부 만화영화로 제작하면서 붙인 제목이 바로 "母をたずねて三千里"이고, 이것이 우리나라에 소개되면서 "1里=10리"를 감안하여 "엄마 찾아 삼만리"로 제목을 바꾼 듯합니다. 그리고, '리'나 '里'는 길이를 말하기도 하지만, 정확한 길이가 아니더라도 그만큼 '멀거나 길다'는 것을 나타내기 위해 쓰이는 경우도 많다는 것을 알아두세요.

- 見たなかで、いちばん面白かったアニメは「母をたずねて三千里」だった。
  본 것 중에서, 가장 재미있었던 만화영화는 "엄마 찾아 삼만리"였다.

- 昔の人は2里(=8キロ)ぐらいは平気で歩いていたそうです。
  옛날 사람은 20리쯤은 아무렇지도 않게 걸었다고 합니다.

- 千里の道も一歩から。
  천리 길도 한 걸음부터

※ 다음 일본어 가운데 틀린 곳을 찾아 보세요!

農事に関心のある人なら経験がなくても大丈夫です。

해답은 다음페이지에

제1장 같은 단어 다른 뜻

농사 vs 農事

NO 農事(のうじ)に関心(かんしん)のある人(ひと)なら経験(けいけん)がなくても大丈夫(だいじょうぶ)です。

YES 農業(のうぎょう)に関心のある人なら経験がなくても大丈夫です。

농사에 관심이 있는 사람이라면 경험이 없어도 괜찮습니다.

 □ 農業(のうぎょう) 농업 □ 関心(かんしん) 관심 □ 経験(けいけん) 경험

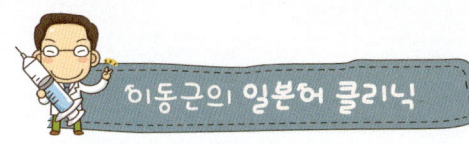

우리나라에서 일상어인 한자어 "농사(農事)"는 일본에서는 일상에서 거의 쓰이지 않는 단어입니다. 다만, "農事試驗場(농사시험장)", "農事暦(농사력)"처럼 몇 단어가 복합어로 사용되고 있습니다.

우리말 "농사"는 우선 "農業(농업)"으로 나타낼 수 있습니다. 특히 "농사를 짓다(農業を営む)"는 일상에서 "農業をする(やる)"로 많이 사용되고 있습니다.

- 高校の時は、海外に移住して農業をしようと思っていた。
  고등학교 때는, 해외에 이주하여 농사를 지으려고 생각했었다.

- 若い時農業を経験しようと、田舎に1haの農地を借り、半年程度やってみた。
  젊을 때 농사를 경험하려고, 시골에 1ha의 농지를 빌려 반년 정도 지어 보았다.
  <※ 1 ha(ヘクタール)＝100アール＝10000平方メートル(m²)＝3025坪>

또 농부(農夫), 농민(農民)을 일상어로 "百姓(농사꾼)"라고 하는데, 주로 "百姓をする"의 형태로 사용하며 "農業をする"와 같은 뜻을 가지고 있습니다.

- 当時うちは百姓をしていたので、食べるものだけはありました。
  당시 우리 집은 농사를 짓고 있었으므로 먹을 것만큼은 있었습니다.

 참고 <농사 이야기>

그런데, 우리말 "농사"는 "벼농사, 밭농사, 배추농사, 사과농사"와 같이 곡식(穀物), 채소(野菜) 등 모든 농작물과 과일(果物)의 이름을 앞에 붙여 사용하는데, 이때 일본에서 사용하는 단어가 "作る(만들다, 가꾸다)"입니다.

- 家の前には小さな畑があり、年中いろいろな野菜を作っている。
  집 앞에는 작은 밭이 있어, 연중 여러 가지 채소를 가꾸고 있다.

- 私たちは梨・葡萄・栗のほかにもたくさんの果物を作っております。
  우리는 배, 포도, 밤 외에도 많은 과일농사를 짓고 있습니다.

동사 作る(=栽培する)는 명사형인 "作り"의 꼴로도 많이 사용됩니다.

- 自分でも小麦作りをしていますし、昨年からライ麦作りも始めました。
  저 자신도 밀 농사를 짓고 있으며, 작년부터 호밀 농사도 시작했습니다.

특히 "米作り(쌀농사)"는 "稲作(벼농사)"라는 단어로 많이 사용되며, "밭농사"는 "畑作"라고 합니다.

- 私たち韓国人の先祖は2000年以上も前から稲作をしています。
  우리 한국인 조상은 2000년 이상 전부터 벼농사를 짓고 있습니다.

그 외의 관련 표현을 몇 가지 더 익혀 보기로 합시다.

- 農家の長男だったこともあり、中学生の時から農作業を手伝っていた。
  농가의 장남이었고 하여, 중학생 때부터 농사일을 거들고 있었다.

- 果樹栽培を営むには、いろいろの農業機械・施設・農具が必要です。
  과수 재배를 하려면, 여러 가지 농기계, 시설, 농기구(農器具)가 필요합니다.

이동근 샘의 +Plus 일본어 문진 처방

Q : 선생님, 농사에는 '날씨'도 굉장히 중요하다고 들었는데요. 이러한 '날씨'와 관련된 표현을 알려주세요.

A : 먼저 우리말의 '날씨'에 해당하는 일본어는 "天気"입니다. 그리고 이 단어는 주로 좋다(良い), 나쁘다(悪い), 개다(晴れる), 흐리다(曇る) 등과 호응을 하며 사용되죠.

- 今日は、天気が良く晴れていますが風が少し冷たく感じます。
  오늘은 날씨가 좋고 맑습니다만 바람이 조금 차갑게 느껴집니다.

- 天気が曇っていたので、海に入って泳ぐには少し寒かったです。
  날씨가 흐렸기 때문에, 바다에 들어가 수영하기에는 조금 추웠습니다.

  여기서 주의해야 할 점이 있습니다. 흔히 덥다(暑い), 춥다(寒い), 따뜻하다(暖かい), 시원하다(涼しい) 등의 단어를 우리말 어법인 "날씨가 덥다[춥다, 따뜻하다, 시원하다]" 등으로 직역을 하는 일이 많은데, 이 단어들은 일본어에서 "天気"와 함께 사용하는 것은 자연스럽지 못하다고 하니 주의하여야 합니다. 일본어는 "天気"를 넣지 않는 것이 자연스러운 문장이 된다는 것을 알아두세요.

- 来週から寒くなるそうなので、風邪を引かないよう気を付けてください。
  다음 주부터 (날씨가) 추워진다고 하니, 감기 들지 않도록 조심하십시오.

- オランダは、日本と違って、夏なのにとても涼しいです。
  네덜란드는 일본과 달리, 여름인데도 (날씨가) 매우 시원합니다.

※ 다음 일본어 가운데 틀린 곳을 찾아 보세요!

T大学で17日、小規模な集会だったが、キャンドルを手に籠城を行った。

해답은 다음페이지에

제1장 같은 단어 다른 뜻 49

농성 vs 籠城

NO T大学で17日、小規模な集会だったが、キャンドルを手に籠城を行った。

YES T大学で17日、小規模な集会だったが、キャンドルを手に座り込みを行った。

T대학에서 17일 소규모의 집회였지만, 촛불을 손에 들고 농성을 벌였다.

Words Check
- □ 大学 대학(교)
- □ 小規模 소규모
- □ 集会 집회
- □ キャンドル 양초
- □ 座り込み 농성
- □ 行う 실시하다, 행하다

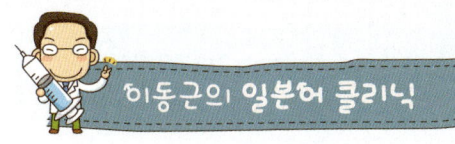

같은 한자어인 "농성"과 "籠城(ろう城)"은 "성문을 굳게 닫고 적의 공격을 막는다"는 의미에서는 한일 양국에서 동일하게 쓰이는 말입니다.

- 当時城内には女・子供を含めて、四千余人が籠城したといわれている。
  당시 성 안에는 여자, 아이를 포함하여 4000여명이 농성했다고 한다.

위의 예문처럼 한자가 가진 원래의 뜻으로 역사 책 등에서 많이 사용되고 있습니다. 그러나 지금은 이 단어가 일본과 한국에서 각각 다르게 사용되는 일이 많습니다.

- 昨日は雨だったので、コンビニへ行く以外は家に籠城していた。
  어제는 비가 왔기 때문에 편의점에 가는 것 외에는 집에 틀어박혀 있었다.

- 人々はイラク戦争に反対して何日もアメリカ大使館前に座り込んだ。
  사람들은 이라크전쟁을 반대하며 며칠이나 미국대사관 앞에서 농성했다.

일본에서는 "어느 장소에 틀어박혀 나오지 않는다"라는 뜻으로, 한국에서는 "어떤 목적을 이루기 위하여 한자리를 떠나지 않고 시위함"이라는 뜻으로 사용되고 있습니다.

- 彼は3月1日にハンガーストライキを開始し、63日後の5月3日に亡くなった。
  그는 3월 1일에 단식농성을 시작하여 63일 후인 5월 3일에 사망했다.
  (단식농성은 ハンガーストライキ(hunger strike)라고 하며, 이를 줄여서 "ハンスト"라고도 한다.)

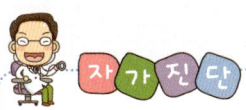

※ 다음 일본어 가운데 틀린 곳을 찾아 보세요!

卓球では中国が男女単式で金、銀、銅メダルを独占した。

해답은 다음페이지에

단식 VS 単式

NO 卓球（たっきゅう）では中国（ちゅうごく）が男女（だんじょ）単式（たんしき）で金（きん）、銀（ぎん）、銅（どう）メダルを独占（どくせん）した。

YES 卓球では中国が男女シングルスで金、銀、銅メダルを独占した。

탁구에서는 중국이 남녀 단식에서 금, 은, 동메달을 독점했다.

Words Check
- □ 卓球(たっきゅう) 탁구
- □ 中国(ちゅうごく) 중국
- □ 男女(だんじょ) 남녀
- □ シングルス 단식
- □ 金(きん) 금
- □ 銀(ぎん) 은
- □ 銅(どう) 동
- □ メダル 메달
- □ 独占(どくせん) 독점

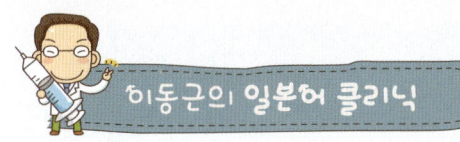

우리말의 "단식(單式)"은 일상어로 많이 사용되지만 일본어는 単式火山(たんしきかざん), 単式簿記(たんしきぼき) 등의 용어에 사용되는 말이며, 이는 복식(複式)의 경우도 마찬가지입니다.

특히 탁구, 배드민턴 등 스포츠의 경우, 단식은 シングルス라 하며, 복식은 ダブルス라고 합니다.

● 韓国(かんこく)は女子(じょし)シングルス、混合(こんごう)ダブルスの二(ふた)つの種目(しゅもく)で金(きん)メダルを獲得(かくとく)した。
　한국은 여자단식, 혼합복식의 두 종목에서 금메달을 획득했다.

卓球(たっきゅう)シングルス

バドミントンダブルス

※ 다음 일본어 가운데 틀린 곳을 찾아 보세요!

1年生(ねんせい)が入学(にゅうがく)すると、入学式(にゅうがくしき)の直後(ちょくご)にここで団体写真(だんたいしゃしん)を撮(と)ります。

해답은 다음페이지에

제1장 같은 단어 다른 뜻

단체사진 vs 団体写真

NO 1年生(ねんせい)が入学(にゅうがく)すると、入学式(にゅうがくしき)の直後(ちょくご)にここで団体写真(だんたいしゃしん)を撮(と)ります。

YES 1年生が入学すると、入学式の直後にここで集合写真(しゅうごうしゃしん)を撮ります。

1학년이 입학하면, 입학식 직후에 여기서 단체사진을 찍습니다.

Words Check
- ～年生(ねんせい) ~학년
- 入学(にゅうがく) 입학
- 式(しき) 식
- 直後(ちょくご) 직후
- 団体(だんたい) 단체
- 写真(しゃしん) 사진
- 集合(しゅうごう) 집합
- 撮(と)る 찍다

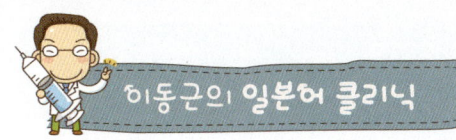

우리말 단체(團體)는 일본어 団体와 같은 뜻으로 쓰이는 단어이며, 단체가 붙는 단어 대부분이 직역을 하면 되므로, 설명을 생략합니다. 다만 한자에서 보듯이 일본어는 "신자체"를 사용하고 있습니다.

- 日本人観光客の団体も来たが、買った人は誰もいなかった。
  일본인 관광객의 단체도 왔지만, (물건을) 산 사람은 아무도 없었다.

"단체사진"의 경우 직역으로도 뜻은 통할 수 있지만, 일본에서는 일반적으로 "集合写真"이라고 합니다.

- 今年度の定期演奏会のプログラムに掲載するために撮った集合写真です。
  금년도 정기 연주회의 프로그램에 게재하기 위해서 찍은 단체사진입니다.

※ 다음 일본어 가운데 틀린 곳을 찾아 보세요!

秘書はアメリカの名門ハーバード大学校を卒業した才媛であった。

해답은 다음페이지에

제1장 같은 단어 다른 뜻 55

대학교 vs 大学校

NO 秘書はアメリカの名門ハーバード大学校を卒業した才媛であった。

YES 秘書はアメリカの名門ハーバード大学を卒業した才媛であった。

비서는 미국의 명문 하버드 대학교를 졸업한 재원이었다.

Words Check
- 秘書 비서
- アメリカ 미국
- 名門 명문
- 大学 대학
- 卒業 졸업
- 才媛 재원

우리나라에서는 대학(college)과 대학교(university)를 구별하여 사용하고 있으며, 특히 "대학교"의 경우 "대학"이라 줄여 말하기도 합니다. 그러나 일본에서는 이러한 구별이 없고, college와 university 둘 다 "大学"이라고 합니다.

● 東京大学は1877年につくられた日本で一番古い国立大学です。
　도쿄대학교는 1877년에 만들어진 일본에서 가장 오래된 국립대학(교)입니다.

● 早稲田大学とイェール大学は2008年に交流協定を締結した。
　와세다 대학교와 예일 대학교는 2008년에 교류 협정을 체결했다.

그런데 일본어에도 "大学校"란 말이 없는 것은 아닙니다. 국가 부처(省庁)에서 실시하는 각종 교육을 위한 기관을 나타내며, 학교교육법에 따른 "학교"가 아닙니다. (다만, 사용할 일이 희박할 것이므로, 예문을 두지 않는다.)

● 私が大学3年生の時、ソウルでオリンピックが開かれました。
　제가 대학(교) 3 학년 때, 서울에서 올림픽이 열렸습니다.

따라서 우리말은 "대학, 대학교" 둘 다 표현할 수 있으나, 일본어는 "大学"라고 표현해야 합니다.

※ 다음 (   ) 안에 들어갈 일본어는?

祖父は新聞や本を読む時は、(　　　　)がないと読めません。

해답은 다음페이지에

제1장 같은 단어 다른 뜻

돋보기

祖父は新聞や本を読む時は、虫眼鏡がないと読めません。

할아버지는 신문이나 책을 읽을 때는 돋보기가 없으면 못 읽습니다.

Words Check
- 祖父 할아버지
- 新聞 신문
- 本 책
- 読む 읽다
- 虫眼鏡 돋보기

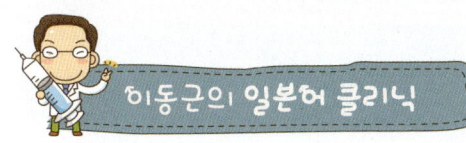

틀리지는 않지만 본인이 생각하는 바가 잘못 전달될 수도 있습니다. 아래 그림 두 가지 모두 우리말로는 "돋보기"라고 표현하지만 일본에서는 구별하여 말합니다.

① 虫眼鏡(むしめがね)

② 老眼鏡(ろうがんきょう)

"虫眼鏡"는 위의 그림처럼 볼록렌즈(凸レンズ)를 사용하여 물체를 확대해서 보는 도구를 말하며, 拡大鏡(かくだいきょう) 혹은 ルーペ라고도 합니다. 그리고 "老眼鏡"은 노안에 사용되는 볼록렌즈의 안경을 말합니다. 따라서 예문의 일본어는 ①을 의미하는 표현이 됩니다.

- 老眼鏡をかけたまま、テレビを見ようとしても見えません。
  돋보기를(돋보기안경을) 쓴 채 TV를 보려고 해도 안 보입니다.

- 小学校(しょうがっこう)の頃(ころ)、虫眼鏡で手の甲(こう)を見てびっくりしたことがあります。
  초등학교 시절 돋보기로 손등을 보고 깜짝 놀란 적이 있습니다.

※ 다음 일본어 가운데 틀린 곳을 찾아 보세요!

キム・ヨナの出現(しゅつげん)はフィギュアスケート界(かい)に(一大(いちだい))突風(とっぷう)を起(お)こした。

해답은 다음페이지에

UNIT 1-20 돌풍 vs 突風

NO キム・ヨナの出現はフィギュアスケート界に(一大)突風を起こした。

⬇

YES キム・ヨナの出現はフィギュアスケート界に(一大)旋風を巻き起こした。

김연아의 출현은 피겨 스케이트 계에 (일대) 돌풍을 일으켰다.

Words Check
- 出現 출현
- 一大 일대
- 突風 돌풍
- 旋風 회오리바람
- 巻き起こす 일으키다

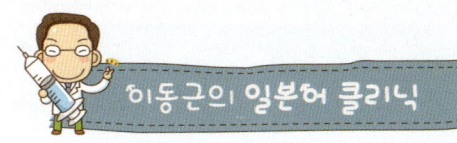

"돌풍"은 "①갑자기 세게 부는 바람"을 말하는데, 우리나라에서는 이 말을 예문에서 알 수 있듯이 "②갑작스럽게 사회적으로 많은 관심을 모으거나 많은 영향을 끼치는 현상"을 이를 때 사용하기도 합니다.

그러나 일본어 "突風"는 우리말과 달리 자연현상인 ①의 뜻만을 가지고 있습니다.

- 昨日の午後、突風が吹いて建物の窓ガラスが割れた。
  어제 오후, 돌풍이 불어 건물의 유리창이 깨졌다.

②의 뜻일 경우 일본에서는 "旋風"이란 단어를 사용하며, 호응하는 동사 또한 "起こす、吹く"보다는 "巻き起こす、吹き荒れる"가 주로 사용되고 있다.

- 今、スマートフォンは携帯電話市場に旋風を巻き起こしている。
  지금 스마트 폰은 휴대폰 시장에 돌풍을 일으키고 있다.

- ここ数年、陸上界ではジャマイカ旋風が吹き荒れている。
  지난 몇 년, 육상계에서는 자메이카 돌풍이 거세게 몰아치고 있다.

※ 다음 일본어 가운데 틀린 곳을 찾아 보세요!

27歳主婦ですが、1度も同居を経験しないまま結婚しました。

해답은 다음페이지에

제1장 같은 단어 다른 뜻　61

동거 VS 同居

NO 27歳主婦ですが、1度も同居を経験しないまま結婚しました。

YES 27歳主婦ですが、1度も同棲を経験しないまま結婚しました。

27세 주부입니다만, 한번도 동거를 경험하지 않는 채 결혼했습니다.

Words Check
- 歳 세, 살
- 主婦 주부
- 同居 동거
- 同棲 동거
- 経験 경험
- 結婚 결혼

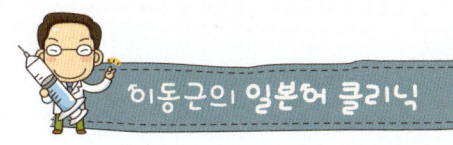

우리말 "동거"에도 "①한 집에서 같이 살다"라는 뜻이 있지만, 주로 "②부부가 아닌 남녀가 부부 관계를 가지며 한집에서 살다"라는 의미로 사용되고 있습니다.
그러나 일본어 "同居"는 우리말 ①의 의미인 "함께 살다(一緒に住む)"에 중점을 두고 있는 단어이며, ②의 뜻은 없습니다.

> 私の友達の中には同居している人が多いです。
> ↓↑
> 제 친구 중에는 동거하고 있는 사람이 많습니다.

대부분의 사람들이 일본어 문장을 아래와 같이 해석하거나, 한국어 문장을 위와 같이 작문할 것이며, 옳다고 믿을 것입니다. 또한 아래 우리말 문장을 본

우리 한국사람들은 대부분

"결혼하지 않은 친구가 앞으로 결혼할 상대와 함께 살고 있다"고 생각할 것입니다.

그러나, 사실 위의 예문은 잘못된 해석이며 작문입니다.

왜냐하면 위 일본어 문장을 본 일본사람들은 대부분

"결혼한 친구가 부모(시부모)를 모시고 살고 있다"고 생각하기 때문입니다.

● 私の周りには同居してる友達は皆無です。
　제 주위에는 (시)부모님을 모시고 사는 친구는 전무합니다.

● 結婚前から同居は絶対しないと主人と固く約束していた。
　결혼 전부터 절대로 시부모님과 함께 살지 않겠다고 남편과 굳게 약속했었다.

일본어 "同居"의 가장 일반적인 표현들이라 소개하였습니다. 그러면 우리가 흔히 사용하는 우리말 "동거"의 ②의 의미는 일본어로 무엇일까？ 하는 의문이 생기는데, 이때의 일본어는 "同棲"가 됩니다.

- 結婚前に、お互いを知ることができるという理由で、同棲するカップルが多い。
  결혼 전에 서로를 알 수가 있다는 이유로 동거하는 커플이 많다.

- 最近は、結婚しないで同棲して子供をもうける人が増えている。
  최근에는, 결혼하지 않고 동거하며 아이를 두는 사람이 늘고 있다.

일본어 "同居"는 우리말보다 훨씬 사용범위가 넓어, 가족 외에도 친구나 동물들에게까지 사용하는 말입니다. 이때 우리말은 "함께 혹은 같이 살다"로 하면 됩니다.

- ペットブームに乗って、近くにはペットと同居できる分譲マンションも増えた。
  애완동물 붐을 타고, 근처에는 애완동물과 함께 살 수 있는 분양아파트도 늘었다.

- 私は同棲したことはないけど、友達と同居したことはあります。
  나는 동거한 적은 없지만, 친구와 같은 집에서 산 적은 있습니다.

그런데, "同居"가 "애인 등" 이성을 나타내는 단어와 사용되는 일이 있는데, 이 경우도 물론 우리말 ②의 의미라기 보다 "한 집에 살다"의 의미를 갖습니다. 그다지 흔한 예가 아니라 예문은 생략하도록 하겠습니다.

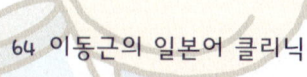

이동근 샘의 +Plus 일본어 문진 처방

Q : 선생님, 한국에서는 너무 좋은 것만 원하다가 연애나 결혼을 하지 못하는 것을 보고 '눈이 높다'라고 표현하잖아요. 일본에서도 이러한 표현을 사용하나요?

A : 네, 좋은 질문입니다. 우리말의 '눈이 높다'는 아래와 같은 두 가지 의미가 있죠.
① 정도 이상의 좋은 것만 찾는 버릇이 있다.
② 안목(사물을 보고 분별하는 견식)이 높다/뛰어나다/대단하다.
먼저 '눈이 높다' 직역인 "目が高い"에는 ①의 용법이 없으며, ②의 용법(주로 "お目が高い"의 꼴로 사용)만을 가지고 있습니다. 우리말의 ①의 의미를 말하고자 할 때는 "理想が高い"하는 표현을 사용합니다.

● この時計がお気に入りとは、お目が高いです。
이 시계가 마음에 드신다니, 눈이 높으십니다.

● これが彼の作品だとわかるとは、さすがお目が高い。
이것이 그의 작품이라는 것을 알다니 과연 눈이 높다(안목이 대단하다).

● 彼女はもともと高級家具の会社に勤めていたので、理想がとても高い。
그녀는 원래 고급가구 회사에 근무했었기 때문에 눈이 무척 높다.

● 姉は理想が高くてだれとも結婚をせずにまだ独身でいます。
언니는 눈이 높아 아무하고도 결혼을 하지 않고 아직 독신으로 있습니다.

※ 다음 일본어 가운데 틀린 곳을 찾아 보세요!

ある日、同業者のKが殺害され、彼は容疑者として逮捕された。

해답은 다음페이지에

제1장 같은 단어 다른 뜻

동업 vs 同業

NO ある日、~~同業者~~(どうぎょうしゃ)のＫが殺害(さつがい)され、彼(かれ)は容疑者(ようぎしゃ)として逮捕(たいほ)された。

YES ある日、共同経営者(きょうどうけいえいしゃ)のＫが殺害され、彼は容疑者として逮捕される。

어느 날 동업자인 K가 살해되고 그는 용의자로서 체포된다.

Words Check
- 同業者(どうぎょうしゃ) 동업자
- 共同(きょうどう) 공동
- 経営者(けいえいしゃ) 경영자
- 殺害(さつがい) 살해
- 容疑者(ようぎしゃ) 용의자
- 逮捕(たいほ) 체포

우리말 "동업자"는 "①같이 사업을 하는 사람"과 "②같은 종류의 영업을 하는 사람"이라는 두 가지 뜻을 가지고 있는 말입니다. 따라서 ②의 의미로 해석했다면 이 문장이 틀렸다고 할 수 없습니다.

다만, 우리말 "동업자"는 ①의 의미인 "사업 파트너"를 지칭하는 일이 많은데 반해, 일본어 "同業者(どうぎょうしゃ)"는 ②의 의미로서만 사용함으로 주의해야 합니다. 이는 "동업(同業)"의 경우에도 마찬가지인데, 일본어 "同業"은 "같은 업종이나 직종"을 나타내는 말입니다.

● 中(なか)には結婚(けっこん)している人も、私と同業(どうぎょう)で活躍(かつやく)している人もいた。
   그 중에는 결혼한 사람도, 나와 같은 업종에서 활약하고 있는 사람도 있었다.

● こんな業者(ぎょうしゃ)がいるというのは、同業者として恥(は)ずかしいことです。
   이런 업자가 있다는 것은 같은 업계 사람으로서 부끄러운 일입니다.

물론 위의 예문은 우리말 ②의 의미이므로 "동업"이나 "동업자"로 해석해도 무방합니다. 아래는 ①의 의미로 사용되는 예입니다. 우리말 "동업"은 일본어 "同業"에는 없는 "함께 사업을 하다"의 뜻(동사)으로 많이 사용되고 있습니다.

● 特(とく)に、友達(ともだち)との共同経営(きょうどうけいえい)は、失敗率(しっぱいりつ)が高(たか)いです。
   특히, 친구와의 동업은 실패율이 높습니다.

● 二人(ふたり)はいとこ同士(どうし)で、観光地(かんこうち)で土産物店(みやげものてん)を共同(きょうどう)(で)経営(けいえい)している。
   두 사람은 사촌간으로, 관광지에서 선물가게를 동업하고 있다.

※ 다음 일본어 가운데 틀린 곳을 찾아 보세요!

サウジのお金(かね)には銅銭(どうせん)もあるのですが、使(つか)うのはもっぱら紙幣(しへい)です。

해답은 다음페이지에

동전 VS 銅錢

NO サウジのお金には銅銭(どうせん)もあるのですが、使(つか)うのはもっぱら紙幣(しへい)です。

YES サウジのお金には硬貨(こうか)もあるのですが、使うのはもっぱら紙幣です。

사우디 돈에는 동전도 있습니다만, 사용하는 것은 오로지 종이돈입니다.

Words Check
- □ サウジ(アラビア) 사우디(아라비아)
- □ 銅銭(どうせん) 동전
- □ 硬貨(こうか) 동전
- □ もっぱら 오로지
- □ 紙幣(しへい) 지폐

히동근의 일본어 클리닉

우리말 동전은 "①구리로 만든 화폐 ②금속으로 주조하여 지폐(紙幣)와 구별하여 사용되는 돈"이라는 2가지 뜻을 가진 말로, 주로 ②를 가리키는 일상어이지만, 일본어 銅銭은 ①의 뜻만 가지고 있으며 일상에서는 거의 사용되지 않는 단어입니다.

● チケットは自動券売機で買いますが、硬貨しか使えません。
　티켓은 자동발매기로 삽니다만, 동전밖에 쓸 수 없습니다.

● 外国ではコインを投げて順番を決めることが多いんです。
　외국에서는 동전을 던져 순번을 정하는 일이 많습니다.

동전의 의미는 위의 예처럼 硬貨 혹은 コイン이며 두 단어 모두 일상어입니다.

참고 <일본의 동전>

● 現在日本で使われているお金は紙幣が4種類、硬貨が6種類あります。
　현재 일본에서 사용되고 있는 돈은 지폐가 4종류, 동전이 6종류 있습니다.

자가진단

※ 다음 일본어 가운데 틀린 곳을 찾아 보세요!

我が家では家族みんなが大好きなので、よく饅頭を食べます。

해답은 다음페이지에

제1장 같은 단어 다른 뜻

만두 vs 饅頭

NO 我が家では家族みんなが大好きなので、よく饅頭を食べます。 ✕

YES よく饅頭を食べます → 자주 (일본 화과자인) 만쥬를 먹습니다.

자주 만두를 먹습니다 → よく餃子を食べます

Words Check ☐ 我が家 우리집 ☐ 家族 가족 ☐ 饅頭 만쥬 ☐ 餃子 만두

일본어 문장이 틀리지는 않았지만 한국어 해석과 의미상의 차이를 갖습니다. 즉 예문의 일본어 해석은 "만두"가 아닌 "만쥬"라고 해야 합니다.

일본어와 우리말의 한자가 같아 해석을 "만두"라고 하기 쉽지만 일본의 "饅頭(まんじゅう)"는 우리나라에서도 "만쥬"라는 이름으로 시중에서 볼 수 있는 일본의 전통적인 "화과자"의 일종입니다.

● 中国(ちゅうごく)の北方(ほっぽう)では、春節(しゅんせつ)の時期(じき)には餃子(ぎょうざ)を作(つく)って食(た)べる風習(ふうしゅう)がある。
중국의 북방에서는, 춘절의 시기에는 만두를 빚어 먹는 풍습이 있다.

우리나라에도 서울에 유명한 "종로교자"가 있듯이 만두를 "교자"라고 부르기도 하는데, 일반적인 말은 아니랍니다.

대표적인 종류에는 물만두(水餃子(すいぎょうざ)), 찐만두(蒸(む)し餃子(ぎょうざ)), 군만두(焼(や)き餃子(ぎょうざ)), 만두국(スープ餃子(ぎょうざ)), 왕만두(ジャンボ餃子(ぎょうざ) or 巨大餃子(きょだいぎょうざ)) 등이 있으니 알아두시기 바랍니다.

물만두(水餃子(すいぎょうざ))

찐만두(蒸(む)し餃子(ぎょうざ))

군만두(焼(や)き餃子(ぎょうざ))

※ 다음 일본어 가운데 틀린 곳을 찾아 보세요!

彼女(かのじょ)はお金持(かねも)ちだったので名品(めいひん)をたくさん持(も)っていた。

해답은 다음페이지에

제1장 같은 단어 다른 뜻

명품 VS 名品

NO 彼女(かのじょ)はお金持(かねも)ちだったので ~~名品(めいひん)~~ をたくさん持(も)っていた。

YES 彼女(かのじょ)はお金持(かねも)ちだったのでブランド品(ひん)をたくさん持(も)っていた。

그녀는 부자였기 때문에 명품을 많이 가지고 있었다.

Words Check
- 彼女(かのじょ) 그녀
- 金持(かねも)ち 부자
- 名品(めいひん) 명품
- ブランド品(ひん) 명품
- 持(も)つ 가지다

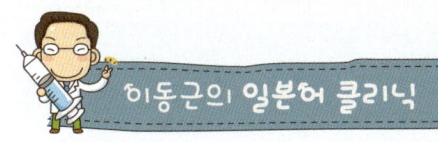

명품이란 "뛰어나거나 이름난 물건. 또는 그런 작품"을 말하며, 사전적인 의미로서는 일본어 "名品(めいひん)"과 큰 차이가 없습니다.

● この美術館では国宝級の名品を数多く所蔵しています。
　이 미술관에서는 국보급의 명품을 다수 소장하고 있습니다.

따라서 이와 같이 예문이 "뛰어난 (미술 등의) 작품"을 의미한다면 틀린 해석은 아닙니다.
그런데 우리나라에서는 최근에 "브랜드상품(유명한 디자이너나 메이커의 이름을 앞에 붙인 상품)"의 의미로 "명품"이란 말을 사용하는 일이 많은데, 일본에서는 브랜드商品(しょうひん)을 흔히 "ブランド品(ひん) (or ブランド物(もの))"이라고 줄여 말합니다.

● ブランド品といえば一般に高級、高価といったイメージがあります。
　명품이라고 하면 일반적으로 고급, 고가라고 하는 이미지가 있습니다

● 若い女性ならブランド物のバッグ、靴、時計の一つや二つは持ってますよ。
　젊은 여성이라면 명품 가방, 구두, 시계 중 한두 개는 가지고 있어요.

 참고

> 브랜드(brand)는 상표(商標)의 뜻을 가진 영어이다. "상표"로 순화하는 대상이기는 하지만, 브랜드 파워, 브랜드 가치 등 우리나라에서도 널리 사용되는 말이다.

※ 다음 일본어 가운데 틀린 곳을 찾아 보세요!

特に疲労感のある人は、毎日寝る前に沐浴するとより効果的です。

해답은 다음페이지에

UNIT 1-26　목욕 VS 沐浴

NO　特<small>とく</small>に疲労感<small>ひろうかん</small>のある人は、毎日<small>まいにち</small>寝<small>ね</small>る前<small>まえ</small>に~~沐浴<small>もくよく</small>~~するとより効果的<small>こうかてき</small>です。

YES　特に疲労感のある人は、毎日寝る前に入浴<small>にゅうよく</small>するとより効果的です。

　　특히 피로감이 있는 사람은 매일 자기 전에 **목욕**하면 보다 효과적입니다.

Words Check
- 特<small>とく</small> 특히
- 疲労感<small>ひろうかん</small> 피로감
- 毎日<small>まいにち</small> 매일
- 寝<small>ね</small>る 자다
- 沐浴<small>もくよく</small> 목욕
- 入浴<small>にゅうよく</small> 목욕, 입욕
- 効果的<small>こうかてき</small> 효과적

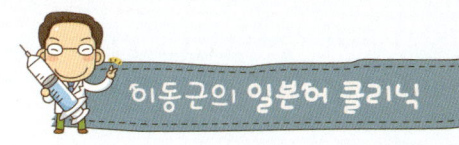

많은 사람들이 일본어 "沐浴"를 잘 모르는 이유는 이 단어가 우리말과 같은 일상어가 아니기 때문일 것입니다. 일본어 "沐浴"은 종교적인 의식이나 갓난아이의 몸을 씻기는 행위 따위를 일컫는 말입니다.

 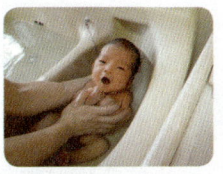

<沐浴의 예>

위의 사진에서 볼 수 있듯이 일본한자어 "沐浴"는 아래의 사례에 국한됩니다.

- ヒンドゥー教徒にとってガンジス川で沐浴をすることは最大の夢です。
  힌두교도에게 있어 갠지스강에서 목욕을 하는 것은 가장 큰 꿈입니다.

- この池には天女が下りてきて、沐浴したという伝説が伝わっています。
  이 연못에는 선녀가 내려와서 목욕했다는 전설이 전해지고 있습니다.

- 首のすわっていない赤ちゃんを沐浴させるのはかなり難しいことです。
  목을 가누지 못하는 아기를 목욕시키는 것은 아주 어려운 일입니다.

위의 예문 외의 우리말 "목욕"은 거의 모든 점에서 일본어 "入浴"과 일치하는데, 이 단어는 우리말 "입욕"에 비해 정말 많이 사용되고 있습니다.

- 入浴後だけでなく、入浴前にも水分を十分取るのがいい。
  목욕 후뿐만 아니라, 목욕 전에도 수분을 충분히 섭취하는 것이 좋다.

- 入浴中の運動は急激な血圧上昇を起こすので控えましょう。
  목욕 중의 운동은 급격한 혈압상승을 일으키므로 절제합시다.

또 한 가지 "風呂(목욕탕, 목욕통)"를 이용한 표현인 "お風呂に入る"가 일상어로서 사용되고 있는데, 이 표현은 아래와 같이 떼어 사용할 경우 주의를 요합니다.

- 父はお風呂が大好きなので、一日二回ぐらい入っています。
  아버지는 목욕을 너무 좋아하여 하루에 두 번쯤 하고 있습니다.

- 彼はお風呂から上がってビールを飲むときが一番幸せそうです。
  그는 목욕하고 나서(을 마친 후) 맥주를 마실 때가 제일 행복해 보입니다.

足湯

露天風呂

이동근 샘의 +Plus 일본어 운진 처방

Q : 선생님, 한국에서는 '손을 씻다'라는 표현이 단순히 손을 씻는 행위 뿐만 아니라, '관계를 청산하다'라는 의미로도 사용이 되는데요. 일본에서도 이러한 표현을 사용하나요?

A : 네, 좋은 질문입니다. 우리말의 '씻다'에 해당하는 일본어는 "洗う"이지요. 그리고 일본에서도 우리말처럼 부정적인 일이나 내키지 않는 일에 대하여 '관계를 청산하다'라는 의미를 표현할 때 이 "洗う"를 사용합니다. 하지만 여기서 주의할 점! 일본에서는 '손을 씻다'가 아니라 "足を洗う(발을 씻다)"라고 표현한답니다. 비슷한 의미로 사람과의 관계를 청산할 때 '손을 끊다'라고 하는데, 이는 일본어에서도 직역에 가깝게 "手を切る"라고 표현한다는 것도 알아두면 좋겠지요.

- 10年ぶりに再会した彼は既にヤクザの世界から足を洗っていた。
  10년 만에 재회한 그는 이미 깡패의 세계에서 손을 씻었다.

- ギャンブルから足を洗わないといつか必ず後悔する時が来るだろう。
  도박에서 손을 씻지 않으면 언젠가 반드시 후회할 때가 올 것이다.

- 悪い仲間と手を切った兄は、今はちゃんとした仕事についている。
  나쁜 친구들과 손을 끊은 형은, 지금은 어엿한 일자리를 갖고 있다.

※ 다음 일본어 가운데 틀린 곳을 찾아 보세요!

参加した約180人全員が起立し、1分間の黙念をあげた。

해답은 다음페이지에

묵념 vs 默念

NO 参加した約180人全員が起立し、1分間の默念をあげた。

YES 参加した約180人全員が起立し、1分間の黙祷をささげた。

참가한 약 180명 전원이 기립하여, 1분 동안 묵념을 올렸다.

Words Check
- 参加 참가
- 全員 전원
- 起立 기립
- 默念 묵념
- 黙祷 묵념
- ささげる 바치다

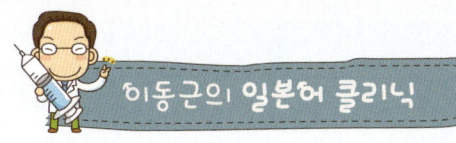

우리말 묵념(默念)에는 ①묵묵히 생각에 잠김. ②말없이 마음속으로 빎. 주로, 죽은 이가 평안히 잠들기를 기원하는 뜻을 가지고 있습니다.

위의 일본어 예는 무료 혹은 유료로 제공되는 각종 번역기의 번역 예인데, 엉터리라고 할 수 있습니다. 일본어의 "默念"은 ①의 뜻만을 가지고 있을뿐더러, 오랜 전에 "사어(死語)"가 된 단어입니다.

우리가 흔히 ②의 뜻으로 사용하는 "묵념"은 일본어로 黙祷(혹은 黙とう)라고 하며, する를 붙여 동사로 사용하거나 捧げる와 짝을 이뤄 사용합니다.

- 市民は地震があった午後4時51分、犠牲者の冥福を祈り、黙とうした。
  시민은 지진이 있었던 오후 4시 51분, 희생자의 명복을 빌고, 묵념했다.

黙祷!
(묵념!)

黙祷やめ!
(바로!)

※ 다음 일본어 가운데 틀린 곳을 찾아 보세요!

彼女は小学校の前で小さな文房具を経営して生活を立てている。

해답은 다음페이지에

제1장 같은 단어 다른 뜻

문방구 vs 文房具

NO 彼女(かのじょ)は小学校(しょうがっこう)の前(まえ)で小(ちい)さな文房具(ぶんぼうぐ)を経営(けいえい)して生活(せいかつ)を立(た)てている。

YES 彼女(かのじょ)は小学校(しょうがっこう)の前(まえ)で小(ちい)さな文房具店(ぶんぼうぐてん)を経営(けいえい)して生活(せいかつ)を立(た)てている。

그녀는 초등학교 앞에서 작은 문방구를 경영하며 생활을 꾸려나가고 있다.

Words Check
- □ 小学校(しょうがっこう) 초등학교
- □ 文房具(ぶんぼうぐ) 문구
- □ 文房具店(ぶんぼうぐてん) 문방구
- □ 経営(けいえい) 경영
- □ 生活(せいかつ) 생활

"문방구"란 ①학용품과 사무용품 따위를 통틀어 이르는 말이며, ②이러한 것을 파는 곳을 말합니다. 그러나 같은 한자인 일본어 "文房具"는 ①의 뜻만을 가진 명사입니다.

- 家が貧しいため、教科書や文房具を買うお金がない子供たちもいます。
  집이 가난하기 때문에 교과서나 문구를 살 돈이 없는 아이들도 있습니다.

다만 우리말은 ①의 뜻이 약하므로 직역보다, 같은 말인 문구(文具) 혹은 학용품(学用品)으로 해석하는 것이 좋습니다.

②의 가게를 의미하는 "문방구"는 일본어로 "文房具店 혹은 文房具屋(さん)"이라고 하며, 같은 말로 "문구점(文具店)"이 있습니다.

- 家の近くに文房具店がなくて、ノート一冊買うのも大変だった。
  집 가까이에 문방구가 없어서, 공책 한 권 사는 것도 힘들었다.

- 学校の前にあった文房具屋の数が最近、めっきり少なくなりました。
  학교 앞에 있던 문방구 수가 최근에 부쩍 적어졌습니다.

※ 다음 일본어 가운데 틀린 곳을 찾아 보세요!

息子は中学生になってからは、３年連続して班長を務めています。

해답은 다음페이지에

반장 vs 班長

NO 息子は中学生になってからは、3年連続して班長を務めています。

YES 息子は中学生になってからは、3年連続して学級委員長を務めています。

아들은 중학생이 되고 나서는, 3년 연속해서 반장을 맡고 있습니다.

Words Check □ 息子 아들 □ 中学生 중학생 □ 連続 연속 □ 学級 학급 □ 委員長 위원장 □ 務める 맡다

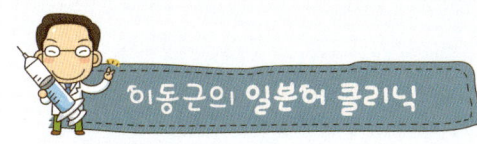

위의 문장은 틀린 문장은 아닙니다. 다만, 예문의 일본어는 우리가 흔히 생각하는 "반장(학급의 책임자)"을 나타내는 것이 아니라, 방송반 등의 "반장"을 의미합니다.

먼저 양국의 사전에서 각각 반장(班長)의 뜻을 살펴보면

> ・반장(班長)　　　　'반(班)'이라는 이름을 붙인 집단의 통솔자 또는 책임자.
> ・班長(はんちょう)　班を統率する人。班の長。

라고 나와 있습니다. 거의 같은 뜻을 가지고 있다고 볼 수 있습니다.

반이 붙는 말에는 "청소반, 방송반, 연극반, 수사반, 단속반, 작업반, 설치반, 통신반…" 등 수도 없이 많습니다. 이 한자는 "일정한 목적을 위하여 조직한 사람들의 작은 집단"의 의미로 비슷하게 사용하고 있는 용법입니다. 이 경우 그냥 직역을 하면 되며, 그 우두머리인 "반장"은 일본어로도 "班長"가 됩니다.

● 災害時に救護班を派遣する際に、医薬品などは必需品となります。
　재해 시에 구호반을 파견할 때에, 의약품 등은 필수품이 됩니다.

● 各班員は、班長の指示に従い任務を遂行する。
　각 반원은, 반장의 지시에 따라 임무를 수행한다.

그런데 우리말 "반"과 일본어 "班"은 미묘한 차이가 있습니다. 그 대표적인 차이는 우리말 "반"에는 "학년을 학급으로 나눈 단위"의 의미가 있는데 반해, 일본어 "班"에는 이러한 뜻이 없습니다. 이 사실을 모름으로써 잘못 사용되는 일이 많은 것입니다.

그러면 "학년을 학급으로 나눈 단위"인 우리말 "반"은 일본어로 무엇이라고 할까요? 단독으로 말할 때는 "組、学級、クラス"라고 하며, 특히 "1학년 3반"처럼 사용할 때는 組를 사용하여, "1年3組"라고 한답니다.

- **20年前**私が**小学生**のころは、**少**なくとも1**学年3学級**はありました。
  20년 전 내가 초등학생 적엔, 적어도 한 학년에 세 반은 되었습니다.

- **クラス全体**に**勉強**する**雰囲気**があり、**先生**はとても**優**しいです。
  반 전체에 공부하는 분위기가 있으며, 선생님은 무척 상냥합니다.

- さおりは3**年B組**の**子**で、1**年生**の**時**、**同**じクラスだった子だ。
  사오리는 3학년 B반의 아이로, 1학년 때 같은 반이었던 아이다.

그리고 그 우두머리인 "반장"을 일본에서는 수 많은 단어를 써서 나타내는데, 그 중 대표적인 표현은 "学級委員 또는 学級委員長"입니다. 참고로 학교에 따라 "クラス委員", "クラス委員長", "級長", "委員長", "学級長" 등으로도 불린다고 합니다.
(백과사전 wikipedia에서 인용)

- **彼**は**中学校時代**も**委員長**を**務**めていて、**統率力**もあります。
  그는 중학교 시절도 반장을 맡았고, 통솔력도 있습니다.

또 한 가지 일본어 "班"은 소그룹으로 나눌 때 자주 사용되는데, 이때 우리말 해석은 직역보다 "조 혹은 그룹"으로 하는 것이 좋습니다.

- スキーレベルに**応**じて3**班**に**分**かれ、**各班**に**合**わせたレッスンが**行**われた。
  스키 레벨에 따라 3개 조로 나뉘며, 각 조에 맞춘 레슨이 실시되었다.

이동근 샘의 +Plus 일본어 문진 처방

Q : 선생님, 우리는 한 집에 아이가 여럿일 경우, 흔히 '큰아이', '작은아이'와 같은 호칭으로 부르는데요. 일본어도 그대로 직역하여 "大きい子", "小さい子"라고 하면 되나요?

A : 네, 좋은 질문입니다. 하지만 "큰 아이(大きい子)"는 나이가 몇 살 더 많거나 하여 "덩치가 큰" 아이 를 나타내는 말입니다. "작은 아이(小さい子)"는 그 반대의 개념으로 "나이가 어리거나, 덩치가 작은" 아이를 가리킵니다. 절대적인 의미에서는 둘 다 어린애(幼い子)를 나타내지만, 특히 "小さい子"는 "어린애"로 해석하면 좋습니다. 그런데 가정에 아이가 둘 있을 때 말하는 "큰아이"와 "작은아이"를 말할 때 사용하는 일본어 표현은 "上の子"와 "下の子"이며, 이 표현은 "아들, 딸, 누나, 언니, 동생, 형, 오빠" 등에 사용할 수 있습니다.

- 上の子を出産し、下の子を妊娠するまでは、毎日本当に楽しかったです。
  큰아이를 출산하고, 작은아이를 임신할 때까지는, 매일 정말로 즐거웠습니다.

- 上の息子は結婚しましたが、私にはまだ下の息子がいるんです。
  큰아들은 결혼했습니다만, 제게는 아직 작은아들이 있습니다.

- 彼は2年前に奥さんと上の息子を交通事故で亡くしました。
  그는 2년 전에 부인과 큰아들을 교통사고로 잃었습니다.

※ 다음 일본어 가운데 틀린 곳을 찾아 보세요!

チャンピオンは劇的な逆転KO勝ちで、2度目のタイトル防御に成功した。

해답은 다음페이지에

제1장 같은 단어 다른 뜻

방어 vs 防御

NO チャンピオンは劇的な逆転KO勝ちで、２度目のタイトル防御に成功した。

YES チャンピオンは劇的な逆転KO勝ちで、２度目のタイトル防衛に成功した。

챔피언은 극적인 역전 KO승으로 2번째 타이틀 방어에 성공했다.

Words Check
- □ チャンピオン 챔피언
- □ 劇的 극적
- □ 逆転 역전
- □ タイトル 타이틀
- □ 防御 방어
- □ 防衛 방위

이동근의 일본어 클리닉

방어(防禦)는 "상대편의 공격을 막는 것"을 말하며, 일본어도 같은 뜻을 가지고 있습니다. 다만, 일본어에서는 "禦"가 상용한자가 아니므로 같은 발음의 상용한자인 "御"로 바꿔 사용하고 있습니다.

- 敵の防御は強力だったが我々は突破しようと試みた。
  적의 방어는 강력했지만 우리는 돌파하려고 시도했다.

- 相手の武器より強力な武器を使った場合も正当防衛は認められない。
  상대의 무기보다 강력한 무기를 사용했을 경우도 정당방위는 인정되지 않는다.

적의 공격이나 침략을 막아서 지키는 뜻을 가진 "방위"는 일본에서는 타이틀이나 선수권 등을 "방어"하는 의미로도 사용됩니다.

- 韓国人選手が米国本土で防衛戦を行うのはその時が初めてだった。
  한국인 선수가 미국 본토에서 방어전을 치르는 것은 그때가 처음이었다.

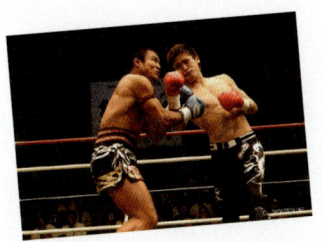

자가진단

※ 다음 일본어 가운데 틀린 곳을 찾아 보세요!

12月20日をもって2学期が終了しました。
今は放学中です。

해답은 다음페이지에

방학 vs 放学

NO 12月20日をもって2学期が終了しました。今は*放学*中です。

YES 12月20日をもって2学期が終了しました。今は休み中です。

12월 20일로써 2학기가 종료되었습니다. 지금은 방학 중입니다.

Words Check ☐ 学期 학기　☐ 終了 종료　☐ 休み 휴가, 방학, 쉼

이동근의 일본어 클리닉

초, 중급 과정쯤에서 "夏休み(여름방학)"이란 표현이 나오기 때문에 다루지 않을까도 생각했지만, 위와 같은 예문의 문장이 인터넷에 나와 있어 "개학(p20)"과 함께 다루기로 합니다. 일본어 "放学"는 일상어가 아니며, 의미 또한 한국어와 다른 "퇴학(退学)"의 의미로 사용되는 말입니다.

● 去年も一人放学になったが、一年も経たずにまた逮捕者が出た。
　작년에도 한 사람 퇴학 당했는데, 1년도 지나지 않아 또 체포자가 나왔다.

우리말 "방학"은 일본어로 "休み" 혹은 "休暇(휴가)"라고 합니다. 그런데 우리말의 경우 학교는 방학, 직장은 휴가를 사용하는데 반해, 일본어는 두 단어 모두 학교에도 직장에도 쓸 수 있는 표현입니다.
다만, 두 단어 모두 명사이므로 동사인 "방학을 하다"로 활용 시 주의해야 합니다.

● 小学校は明日から休暇(=休み)になる。
　초등학교는 내일부터 방학을 한다.

● (夏期)休暇を利用して海外旅行をする学生がますます増えている。
　(여름)방학을 이용하여 해외여행을 하는 학생이 점점 늘고 있다.

● この仕事が完了したら1ヶ月の休暇を取るつもりだ。
　이 일이 완료되면 1개월의 휴가를 낼 생각이다.

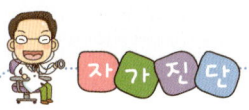

＊다음 일본어 가운데 틀린 곳을 찾아 보세요!

この夏にヨーロッパに背のう(背嚢)旅行を計画しています。

해답은 다음페이지에

배낭 VS 背囊, 그리고 배낭여행

NO この夏にヨーロッパに背のう(背囊)旅行を計画しています。

YES この夏にヨーロッパにバックパック旅行を計画しています。

이번 여름에 유럽에 배낭여행을 계획하고 있습니다.

Words Check
- 夏 여름
- ヨーロッパ 유럽
- リュックサック 배낭
- バックパック 배낭
- 旅行 여행
- 計画 계획

배낭(背囊)은 물건을 넣어서 등에 질 수 있도록 헝겊이나 가죽 따위로 만든 주머니를 말하는데, 일본어에는 여러 가지 단어를 사용하여 나타냅니다. 우선 같은 한자인 "背囊(背のう)"은 주로 군대에서 사용하는 것을 나타내며, 우리말의 "군장"을 의미합니다.

- 前線まで各歩兵部隊は30kgの背のうを背負って150kmを歩きました。
  전선까지 각 보병 부대는 30kg의 군장을 짊어지고 150km를 걸었습니다.

バックパック

背のう

우리가 흔히 사용하는 "배낭(륙색, 색)"은 일본에서 주로 "リュックサック(줄여서 リュック)"라고 하며, 그 외에 "ザック, ナップサック, バックパック"라는 말도 사용되고 있습니다.

- 二人は登山用の服装で、リュックサックを背負っていたという。
  두 사람은 등산용 복장으로, 배낭(륙색)을 메고 있었다고 한다.

- 学生時代にバックパックを背負ってヨーロッパを鉄道旅行していた。
  학창시절에 배낭을 짊어지고 유럽을 철도 여행했었다.

"배낭여행"은 직역(背囊旅行)으로는 뜻이 통하지 않으며, "リュックサック旅行"은 뜻은 전달할 수 있지만, 일반적인 표현은 아닙니다.

일본에서는 영어(backpacking)를 사용하여 "バックパッキング 혹은 バックパック旅行"이라고 하며, 이와 같은 여행을 하는 사람을 "バックパッカー(배낭여행자)"라고 합니다.

- インドへのバックパック旅行を計画しているので、本を購入しました。
けいかく　　　　　　　　　　ほん　こうにゅう
  인도로 배낭여행을 계획하고 있기 때문에, 책을 구입했습니다.

バックパッカー

이동근 샘의 +Plus 일본어 문진 처방

Q : 선생님, 흔히 기차나 버스를 타고 여행을 떠나기도 하잖아요. 그런데 사람이 많거나 도로에 차가 많아 복잡한 적이 한두번이 아닌데요. 이럴 때 일본에서는 어떻게 말하나요?

A : 네. 좋은 질문입니다. 먼저 우리말 '복잡하다'에는 "① 얽혀 있어 간단히 이해, 설명할 수 없는 것", "② 차 혹은 사람들이 많아 북적대고 혼잡스럽다"의 두 가지 의미가 있죠. 그런데 '복잡하다'를 직역한 일본어의 "複雑だ"에는 ②의 의미는 없습니다. 따라서, "길이 복잡하다" 혹은 "버스가 복잡하다" 등 주로 교통과 관련된 표현의 경우 주의가 필요하며, 주로 "込む"를 사용합니다. 그런데, 길이나 도로의 경우에도 "複雑だ"를 사용할 수 있기는 합니다. 다만, 이때는 ①의 의미인 "반듯하지 않고 미로처럼 얽히고 설켜 있다"라는 뜻이 되므로 조심해야 합니다.

● 特許申請には100万円近くの費用がかかるうえ、手続きも複雑だ。
특허신청에는 100만엔 가까운 비용이 드는데다 수속도 복잡하다.

● 道が込んでいなければ空港から15分か20分で行けます。
길이 복잡하지 않으면 공항에서 15분이나 20분이면 갈 수 있습니다.

● 今日は電車が込んでいて、ソウルから水原までずっと立ち通しだった。
오늘은 전철이 복잡하여, 서울에서 수원까지 쭉 서서 갔다.

● ロンドンの道路はとても複雑で、目的地を探すには地図が必要です。
런던의 도로는 매우 복잡하여, 목적지를 찾으려면 지도가 필요합니다.

※ 다음 일본어 가운데 틀린 곳을 찾아 보세요!

私は地方で小さな会社を経営している人です。

해답은 다음페이지에

제1장 같은 단어 다른 뜻

UNIT 1-33 사람 vs 人

NO 私(わたし)は地方(ちほう)で小(ちい)さな会社(かいしゃ)を経営(けいえい)している 人(ひと) です。

⬇

YES 私(わたし)は地方(ちほう)で小(ちい)さな会社(かいしゃ)を経営(けいえい)している 者(もの) です。

저는 지방에서 자그마한 회사를 경영하고 있는 사람입니다.

Words Check
- 地方(ちほう) 지방
- 小(ちい)さい 작다
- 会社(かいしゃ) 회사
- 経営(けいえい) 경영
- 人(ひと) 사람
- 者(もの) 사람

人(ひと)는 한자에서도 알 수 있듯이 "사람"이라는 뜻으로 쓰이는 말입니다. 그러나 이 단어는 일본어로 사용할 때 주의해야 할 중요한 단어입니다. 우리말인 사람과 달리 경의(敬意)가 들어 있어, 자기 자신이나 자기 쪽에는 사용하지 않는 말입니다.

예를 하나 들어 본다면, 기초에서도 다루는 책이 있으리라 생각하지만,

저는 ①한국인입니다. 혹은 그는 ②일본인입니다.

의 경우 우리말에서는 ①의 한국인을 한국사람으로, ②의 일본인을 일본사람으로 바꿔 사용해도 뉘앙스의 차이는 거의 느낄 수가 없을 것입니다.

그러나 위의 문장을 일본어로 고칠 때 그 직역에 해당하는

私は ③韓国人です。 혹은 彼は ④日本人です。

에서 ④의 日本人은 日本の人로 바꿔 말할 수 있는데 비해 ③의 韓国人은 韓国の人로 바꿔 말하는 것은 좋지 않습니다. 즉「私は 韓国の人です」는 "저는 한국 사람입니다"보다는 "저는 한국 분입니다"에 가까운 뉘앙스를 갖기 때문입니다.

따라서 자기 자신이나 자기 쪽 사람에 대한 내용일 때는 人(ひと)가 아닌 者(もの)를 사용하여 나타내므로 주의하기 바랍니다.

● 昨日の午後 4時ごろお尋ねしたいことがあり、電話した 者です。
어제 오후 4시경 여쭙고 싶은 것이 있어, 전화한 사람입니다.

※ 다음 일본어 가운데 틀린 곳을 찾아 보세요!

外国でお水を飲むときは必ず生水を買って飲んでください。

해답은 다음페이지에

UNIT 1-34 생수 vs 生水

NO 外国でお水を飲むときは必ず生水を買って飲んでください。

⬇

YES 外国でお水を飲むときは必ずミネラルウォーターを買って飲んでください。

외국에서 물을 마실 때는 반드시 생수를 사서 마시세요.

Words Check
- ☐ 外国 외국
- ☐ 水 물
- ☐ 飲む 마시다
- ☐ ミネラルウォーター 생수
- ☐ 買う 사다

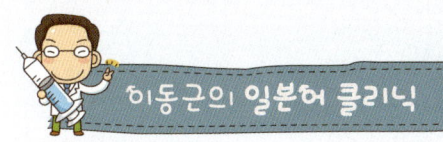

우리말 "생수(生水)"는 샘에서 솟아 나오는 맑은 물을 말하며, "먹는 샘물"이라고도 합니다. 그런데 같은 한자인 일본어 生水에는 이와 같은 뜻이 전혀 없으며, 식수로 사용되는 "끓이지 않는 물"을 나타냅니다.

- 旅先で生水を飲まないことは、日本の常識のようになっている。
  여행지에서 물을 그냥 마시지 않는 것은, 일본의 상식처럼 되어 있다

- 僕は何を食べても平気だし、生水を飲んでもお腹を壊したことはない。
  나는 뭘 먹어도 괜찮으며, 끓이지 않은 물을 마셔도 배탈이 났던 적은 없다.

즉, 우리나라에서 흔히 일컫는 "생수(먹는 샘물)"는 일본에서 "ミネラルウォーター"라고 합니다.

- 水道水を飲むには若干抵抗があるので、ミネラルウォーターを購入しています。
  수돗물을 마시는데 약간 저항이 있으므로, 먹는 샘물을 구입하고 있습니다.

- グアムの水道の水は石灰質のため、ミネラルウォーターをおすすめします。
  괌의 수돗물은 석회질이기 때문에 생수를 권해 드립니다.

※ 다음 일본어 가운데 틀린 곳을 찾아 보세요!

西紀1997年7月1日、香港が150年ぶりに中国に返還された。

해답은 다음페이지에

제1장 같은 단어 다른 뜻

서기 vs 西紀

NO ~~西紀~~1997年7月1日、香港が150年ぶりに中国に返還された。

YES 西暦1997年7月1日、香港が150年ぶりに中国に返還された。

서기 1997년 7월 1일 홍콩이 150년 만에 중국에 반환되었다.

Words Check: 西暦 서기 | 香港 홍콩 | ~ぶり ~만에 | 返還 반환

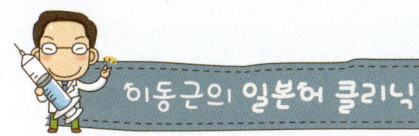

일본어에도 "西紀"라는 말이 있지만 잘 사용하지 않으며, 그 대신 우리나라에서 거의 사용하지 않는 "西曆"이란 단어를 사용합니다. 다만 우리가 서기를 빼고 그냥 연대만을 사용하는 일이 많듯이, 일본에서도 西曆을 빼고 사용하는 일이 많습니다.

- 地球温暖化で西暦2100年には気温が 2℃以上上昇するだろう。
  지구온난화로 서기 2100년에는 기온이 2℃ 이상 상승할 것이다.

또 우리나라와 달리 국왕이 있는 일본에서는 서기보다 그 국왕의 재위기간을 나타내는 연호(年号)로 써서 나타내는 경우가 더 많습니다. 즉위를 한 해를 원년 혹은 1년이라고 합니다.
현 국왕인 아키히토(明仁)왕은 平成이란 연호를 사용하며, 1989년 1월 8일에 즉위를 하였으므로 1989년이 平成 원년 혹은 1년이 되며 올해(2012년)는 平成 24년입니다.

- 平成22年 6月に工事に着工しました。平成25年12月完成予定です。
  (서기)2010년 6월에 공사에 착공하였습니다. 2013년 12월 완공 예정입니다.

 참고 <꼭 알아 두어야 할 일본의 연호>

    메이지(明治、めいじ)   1868년~1912년
    다이쇼(大正、たいしょう) 1912년~1926년
    쇼와(昭和、しょうわ)   1926년~1988년

※다음 일본어 가운데 틀린 곳을 찾아 보세요!

本人も反省していますので、どうか善処をお願いします。

해답은 다음페이지에

선처 vs 善処

NO 本人も反省していますので、どうか善処をお願いします。

YES 本人も反省していますので、どうか寛大な処分(措置、処置)をお願いします。

본인도 반성하고 있으니 부디 선처를 부탁 드립니다.

Words Check
- 本人 본인
- 反省 반성
- 寛大 관대
- 処分 처분
- 措置 조치
- 処置 처치
- 願う 바라다

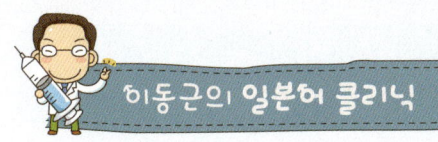

많은 사람들이 한자가 같다는 이유로 "선처＝善処"라고 생각하고 있으며, 선처(형편에 따라 잘 처리함)와 善処(事態に応じて適切な処置をとること)의 사전적인 해석을 보아도 그 차이를 알기 힘들 것입니다.

- 今後はこのようなことが二度と起こらないよう善処します。
  앞으로는 이와 같은 일이 두 번 다시 일어나지 않도록 (조치)하겠습니다.

- 校長先生は、実態を調査して善処することを約束しました。
  교장선생님은 실태를 조사하여 조치를 취하겠다고 약속하였습니다.

일본어로서 "善処"는 사전적인 의미로 사용하고 있지만, 우리말 "선처"는 "사정을 봐달라"는 의미로 많이 사용됩니다. 따라서 일본어로 고칠 때는 "寛大な処分(措置、処置)"으로 표현해야 합니다.

- 被害者も寛大な処置を望んでおり、本人も反省しています。
  피해자도 선처를 바라고 있고, 본인도 반성하고 있습니다.

- 通常、始末書の末尾には「寛大な措置をお願いします」という言葉がきます。
  통상, 경위서의 말미에는 "선처를 부탁 드립니다" 라는 말이 옵니다.

※ 다음 일본어 가운데 틀린 곳을 찾아 보세요!

北海道は夏も素晴らしいが、冬の雪景も美しい。

해답은 다음페이지에

제1장 같은 단어 다른 뜻

설경 VS 雪景

NO 北海道は夏も素晴らしいが、冬の雪景も美しい。

YES 北海道は夏も素晴らしいが、冬の雪景色も美しい。

홋카이도는 여름도 멋지지만, 겨울의 설경도 아름답다.

Words Check
- 北海道 홋카이도
- 夏 여름
- 素晴らしい 대단하다, 훌륭하다
- 冬 겨울
- 雪 눈
- 景色 경치
- 美しい 아름답다

이동근의 일본어 클리닉

풍경(風景), 광경(光景), 전경(全景), 야경(夜景) 등 공통되는 수많은 한자어를 만드는 "경치(景致)"는 정작 일본어로는 "景色"라고 합니다.

● ホテルの料理もおいしく部屋からの景色も良かったです。
　호텔의 요리도 맛있고 방에서의 경치도 좋았습니다.

"설경"은 일본에도 같은 한자어가 있지만 거의 사용되지 않으며, 일상어로서 "雪景色"가 사용되고 있습니다.

● 窓を開けてみるとあたり一面真っ白な雪景色が広がっていた。
　창문을 열어 보니 주변은 온통 새하얀 설경이 펼쳐져 있었다.

야경(夜景、やけい)

설경(雪景色、ゆきげしき)

YES 晴れた日に船上から見る香港島の夜景は非常に美しい。

　맑은 날에 선상에서 보는 홍콩 섬의 야경은 대단히 아름답다.

자가진단

※ 다음 일본어 가운데 틀린 곳을 찾아 보세요!

彼女はかつて二重まぶたの成形手術を受けたことを告白した。

해답은 다음페이지에

제1장 같은 단어 다른 뜻　103

성형수술

NO 彼女はかつて二重まぶたの成形手術を受けたことを告白した。

YES 彼女はかつて二重まぶたの整形手術を受けたことを告白した。

그녀는 예전에 쌍꺼풀 성형수술을 받았음을 고백했다.

Words Check
- 二重まぶた 쌍꺼풀
- 成形 성형
- 整形 성형, 정형
- 手術 수술
- 受ける 받다
- 告白 고백

"성형(成形)"이란 주로 공업이나 공예 등에서 사용하는 용어로 "어떤 형체를 만듦"이라는 뜻의 단어입니다. 이것이 신체에 적용되어 우리나라에서는 의학적인 용어로 "신체의 어떤 부분을 고치거나 만듦"의 의미로 사용되고 있습니다.

- シャッター製品は、鉄、アルミ、ステンレスなどを成形して作られている。
  셔터 제품은 철, 알루미늄, 스테인리스 등을 성형하여 만들어지고 있다.

- 瓦は陶器のように、粘土を成形して焼いたものです。
  기와는 도기와 같이, 점토를 성형하여 구운 것입니다.

의학적인 표현의 "성형"은 일본에서는 "整形"이라고 합니다. 다만 두 단어 모두 같은 발음을 가지고 있으므로 의미 전달에는 큰 문제가 없습니다.

- 私は顔に大きなコンプレックスがあり、整形したいと考えています。
  나는 얼굴에 큰 콤플렉스가 있어, 성형했으면 하는 생각이 있습니다.

- 噂によると彼女は鼻の整形手術をしたそうだ。
  소문에 의하면 그녀는 코 성형수술을 했다고 한다.
  (※整形手術 외에 美容整形手術, 美容外科手術이라고도 한다.)

※ 다음 일본어 가운데 틀린 곳을 찾아 보세요!

数多くの成形外科がソウルの江南駅周辺に密集しています。

해답은 다음페이지에

성형외과

NO 数多くの成形外科がソウルの江南駅周辺に密集しています。

YES 数多くの美容外科がソウルの江南駅周辺に密集しています。

수많은 성형외과가 서울의 강남역 주변에 밀집해 있습니다.

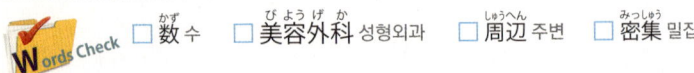

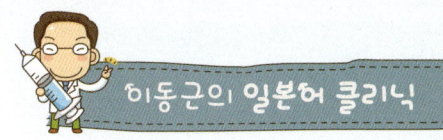

우리나라에서는 "성형수술"을 ①선천적 기형 혹은 상해로 인한 신체의 변형, ②미관상 보기 흉한 신체 부위를 교정 회복시키는 수술을 말하는데, 최근에는 ②의 경우 더 아름다움을 추구하기 위해서 받는 수술을 일컫는 일이 많습니다. 이를 시술하는 병원을 "성형외과"라고 합니다.

바로 앞 설명을 공부하였거나, 이미 "성형수술=整形手術"의 관계를 알고 있는 사람은 병원 또한 "성형외과=整形外科"라고 생각할 수도 있을 것입니다.

그러나 일본의 "整形外科"는 신체의 운동기능을 원래대로 회복시키는데 그 목적이 있는 병원, 즉 우리나라의 "정형외과"를 말합니다.

● 整形外科でX線写真を撮ってもらったが、骨に異常はないそうだ。
　정형외과에서 엑스레이사진을 찍었지만, 뼈에 이상은 없다고 한다.

일본에서는 이 성형외과를 "形成外科"라고 하며, 특히 미용을 목적으로 할 때는 일반적으로 "美容外科" 혹은 "美容整形外科"라고 부른다.

● 二重まぶたの手術は、美容外科の手術で最も多いものの１つです。
　쌍꺼풀 수술은, 성형외과의 수술에서 가장 많은 것 중 하나입니다.

* 다음 일본어 가운데 틀린 곳을 찾아 보세요!

最近結婚したカップルの４組に１組が速度違反をしています。

해답은 다음페이지에

속도위반 vs 速度違反

NO 最近結婚したカップルの4組に1組が速度違反をしています。

YES 最近結婚したカップルの4組に1組ができ婚をしています。

최근에 결혼한 커플 네 쌍에 한 쌍이 속도위반을 하고 있습니다.

Words Check
- 最近 최근
- 結婚 결혼
- カップル 커플
- 組 짝, 쌍
- でき婚 속도위반 결혼

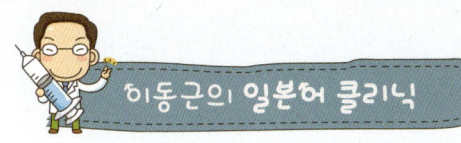

"속도위반"은 교통 법규상 제한되어 있는 차량의 속도를 넘어 속력을 내는 것을 말하며, 일본어도 "速度(=スピード)違反"이라고 합니다.

● 先日、速度違反で捕まったときに無免許運転がばれました。
　일전에, 속도 위반으로 잡혔을 때에 무면허 운전이 탄로났습니다.

그런데 우리말에서 흔히 결혼하기 전에 아이를 갖는 것을 "속도위반"으로 표현 하기도 하는데 일본어에는 이러한 용법은 없으므로 직역하면 안됩니다. 일본에서 "임신한 것을 계기로 결혼하는 것"을 "できちゃった結婚"이라고 합니다.

できちゃった結婚의 직역에 가까운 표현은 "(아이가) 생겨 버린 결혼"입니다. 이 말은 줄여 できちゃった婚이라 하며, 더 줄인 でき婚이란 말도 많이 사용됩니다.

● 20代の若者を中心とするいわゆる「できちゃった結婚」が増えています。
　20대의 젊은이를 중심으로 하는 이른바 "속도위반 결혼"이 늘고 있습니다.

できちゃったは "できてしまった"의 줄임 말로, 회화체의 말입니다. "できる"는 "할 수 있다" 외에 많은 뜻을 가진 동사인데, 그 중 하나가 "生まれる(태어나다)" 입니다.

● 結婚して2年になりますがまだ子供ができません。
　결혼한지 2년이 됩니다만 아직 아이가 생기지 않습니다.

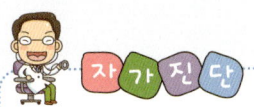

※ 다음 일본어 가운데 틀린 곳을 찾아 보세요!

その少女は修女になって、貧しい人々のために自らの生涯を捧げた。

해답은 다음페이지에

수녀 vs 修女

NO その少女は修女になって、貧しい人々のために自らの生涯を捧げた。

YES その少女は修道女になって、貧しい人々のために自らの生涯を捧げた。

그 소녀는 수녀가 되어, 가난한 사람들을 위해서 자신의 생애를 바쳤다.

Words Check
- 少女 소녀
- 修道女 수녀
- 貧しい 가난하다
- 自ら 자기 자신, 스스로
- 生涯 생애
- 捧げた 바치다

우리의 일상에서 아주 친근한 존재가 되어 있는 "수녀(修女)"라는 이름. 일본에서는 이 단어를 거의 들을 수가 없습니다. 기독교 신자의 수가 우리나라보다 압도적으로 적은 탓도 있겠지만, 무엇보다 주로 "修道女(혹은 シスター)"라는 단어를 사용하기 때문입니다.

● この修道院(しゅうどういん)には40人余(にんあま)りの修道女(しゅうどうじょ)がいると聞(き)きました。
　이 수녀원에는 40명 남짓의 수녀가 있다고 들었습니다.

일본에서는 수도원, 수녀원을 구별 없이 "修道院"이라고 하며, "수녀원"을 명확히 나타낼 때 "女子修道院(じょしゅうどういん)"이라고 부릅니다.

〈정리〉
· 수녀 → 修道女、シスター
· 수녀원 → 修道院、女子修道院
· 수녀복 → 修道服(しゅうどうふく)

● 神父(しんぶ)さんが園長先生(えんちょうせんせい)で、修道服(しゅうどうふく)を着(き)たシスターたちが先生だった。
　신부님이 원장선생님이고, 수녀복을 입은 수녀들이 선생님이었다.

※ 다음 일본어 가운데 틀린 곳을 찾아 보세요!

バルブを時計方向(とけいほうこう)に回(まわ)すと水(みず)、時計反対方向(とけいはんたいほうこう)に回(まわ)すとお湯(ゆ)が出(で)ます。

해답은 다음페이지에

시계(반대)방향

NO バルブを時計方向に回すと水、時計反対方向に回すとお湯が出ます。

YES バルブを時計回りに回すと水、反時計回りに回すとお湯が出ます。

밸브를 시계방향으로 틀면 찬물, 시계반대방향으로 틀면 뜨거운 물이 나옵니다.

Words Check
- □ バルブ 밸브
- □ 時計 시계
- □ 回す 돌리다
- □ 反時計 반시계
- □ お湯 뜨거운 물

이동근의 일본어 클리닉

시계방향이나 시계반대방향을 우리말 어법에 따라 예문과 같이 사용해도 일본에서 통하지 않는 것은 아닐 겁니다. 다만 일반적인 표현은 "시계방향＝時計回り", 시계반대방향＝反時計回り"이므로, 꼭 익혀 두도록 합시다.

- 今年は済州島を時計回りに回ってみるつもりです。
  올해는 제주도를 시계방향으로 돌아 볼 생각입니다.

- 地球を北極の上空から見ると、「反時計回り」に自転している。
  지구를 북극 상공에서 보면, "시계반대방향"으로 자전하고 있다.

※ 시계방향(時計回り)은 右回り, 시계반대방향(反時計回り)은 左回り 라고도 한다.

자가진단

※ 다음 일본어 가운데 틀린 곳을 찾아 보세요!

私は必ずシートベルトを締めてから始動をかけます。

해답은 다음페이지에

UNIT 1-43   시동 vs 始動

NO 私は必ずシートベルトを締めてから始動をかけます。

YES 私は必ずシートベルトを締めてからエンジンをかけます。

저는 반드시 좌석 벨트를 매고 나서 시동을 겁니다.

Words Check
- □ 必ず 반드시
- □ シートベルト 안전벨트
- □ 締める 매다
- □ 始動 시동
- □ エンジン 엔진, 시동

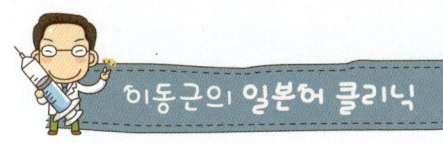

발전기나 자동차 등에 주로 사용하는 한자어 "시동(始動)"은 우리말이 주로 명사로서 사용하는데 반해, 일본어는 주로 동사로 사용되는 단어입니다.

- この表示灯が点滅しているとエンジンを始動することができません。
  이 표시등이 점멸하고 있으면 시동을 걸 수 없습니다.

그러나 일상적으로 사용하는 우리말 "시동을 걸다(끄다), 시동이 걸리다(꺼지다)"는 일본에서는 다음과 같이 표현합니다.

- 一度エンジンをかけてエンジンを切ると3時間ほどエンジンがかからなくなる。
  한 번 시동을 걸고 시동을 끄면 3시간 정도 시동이 걸리지 않게 된다.

- 昨日走行中に突然エンジンが止まってしまいました。
  어제 주행 중에 갑자기 시동이 꺼져 버렸습니다.

- シートベルトを締めてからエンジンをかける。
  안전띠를 매고 나서 시동을 건다.

- エンジンを止めてからシートベルトをはずす。
  시동을 끄고 나서 안전띠를 푼다.

※ 다음 일본어 가운데 틀린 곳을 찾아 보세요!

ソウル市庁前の広場は、多くのイベントに使われている。

해답은 다음페이지에

제1장 같은 단어 다른 뜻

시청 vs 市庁

NO ソウル市庁前の広場は、多くのイベントに使われている。

YES ソウル市役所前の広場は、多くのイベントに使われている。

서울시청 앞의 광장은, 많은 이벤트에 사용되고 있다.

Words Check
- ☐ 市役所 시청
- ☐ 広場 광장
- ☐ イベント 이벤트
- ☐ 使う 사용하다

 이동근의 일본어 클리닉

시청을 일본어로 "市庁(しちょう)"라고 하지 않는 것은 아니나, 일반적인 표현은 "市役所(しやくしょ)"라고 합니다. 일본 인터넷 상에는 市役所를 "市庁"라고도 하느냐는 질문이 올라와 있었는데, 그에 대한 답으로 한 사진작가가 350개 시청 간판을 찍은 사진을 확인해 보았더니, 그 중 26개 시에서 "市庁"을 사용하고 있었습니다. 거의가 중소도시였지만, 대도시로는 유일하게 "横浜(よこはま)"가 포함되어 있었다고 합니다.

> 참고 <한 시민의 이야기>
>
> 横浜(よこはま)に住(す)んで今(いま)も違和感(いわかん)がつきまとうのは市役所を「市庁」と呼(よ)ぶことだ。初(はじ)めて耳(みみ)にしたときは「市長(しちょう)」と勘違(かんちが)いした。(요코하마에 살며 지금도 위화감이 늘 드는 것은 市役所를 "市庁"라고 부르는 일이다. 처음 들었을 때는 "市長"이라고 잘못 알아들었다.

● 市庁(しちょう)に用事(ようじ)があって訪問(ほうもん)した時(とき)に職員食堂(しょくいんしょくどう)を利用(りよう)しました。
시청에 볼일이 있어 방문했을 때 직원식당을 이용했습니다.

문장일 경우는 의미가 통할 수 있지만 대화 중에 위의 말을 들었을 때, 상대는 "支庁(しちょう)에(지청에)" 혹은 "市長에(시장에게)"로 이해할 가능성이 크다고 하겠습니다.

 ● 横浜も「横浜市庁(しょう)」と称(しょう)していますが、奈良(なら)もそのようですね。
요코하마도 "横浜市庁"라고 칭하고 있습니다만, 나라도 그런 것 같군요!

  자가진단

※ 다음 일본어 가운데 틀린 곳을 찾아 보세요!

夫(おっと)は食性(しょくせい)が良(よ)いので出(だ)されたものはなんでも食(た)べます。

해답은 다음페이지에

식성 VS 食性

NO 夫は食性が良いので出されたものはなんでも食べます。

YES 夫は食べ物の好き嫌いがないので出されたものはなんでも食べます。

남편은 식성이 좋기 때문에 나온 음식은 뭐든지 먹습니다.

Words Check ☐ 夫 남편 ☐ 食性 식성 ☐ 好き嫌い 좋고 싫음

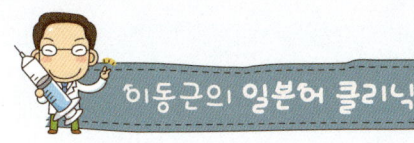

우리말 식성(食性)에는 "①음식에 대하여 좋아하거나 싫어하는 성미. ②동물의 먹이에 대한 습성"의 두 가지 의미가 있는데, 예문과 같이 "식성이 좋다" 혹은 "식성이 까다롭다"와 같이 ①의 의미로 많이 사용됩니다.

 この動物は食性が特異で、生息地も限定されている。
　　이 동물은 식성이 특이하여, 서식지도 한정되어 있다.

그러나 일본어 "食性"에는 ①의 뜻은 없고 ②의 뜻만을 가지고 있습니다. 따라서 위 예문과 같이 ②의 뜻으로 사용할 때만 "식성"으로 해석하거나 작문할 수 있습니다.

①의 의미로서의 "식성"은 일본어 "好き嫌い(좋아하고 싫어함)"라는 단어에서 찾을 수 있는데, "食べ物の好き嫌い"의 형태로 많이 활용된다.

 私は、食べ物の好き嫌いはないが、中学校2年生から身長が伸びない。
　　나는, 식성은 좋은데, 중학교 2학년부터 키가 자라지 않는다.

> **참고**
>
> 다만, 두 단어는 호응하는 형용사가 다르므로 주의하여야 한다.
>
> 食べ物の好き嫌いがない[少ない] → 식성이 좋다 등
> 食べ物の好き嫌いがある[激しい、多い] → 식성이 까다롭다 등

* 다음 일본어 가운데 틀린 곳을 찾아 보세요!

この辺は、信号灯がないので道を渡るときは注意が必要です。

해답은 다음페이지에

제1장 같은 단어 다른 뜻　119

신호등 vs 信号灯

NO この辺(へん)は、信号灯(しんごうとう)✗がないので道(みち)を渡(わた)るときは注(ちゅう)意(い)が必(ひつ)要(よう)です。

YES この辺(へん)は、信号機(しんごうき)がないので道(みち)を渡(わた)るときは注(ちゅう)意(い)が必(ひつ)要(よう)です。

이 근처는 신호등이 없으므로 길을 건널 때는 주의가 필요합니다.

Words Check
- □ この辺(へん) 이 근처
- □ 信号機(しんごう き) 신호등
- □ 道(みち) 길
- □ 渡(わた)る 건너다
- □ 注意(ちゅうい) 주의
- □ 必要(ひつよう) 필요

히동근의 일본어 클리닉

도로상에 설치하여 교통의 안전을 확보하기 위하여, 진행이나 정지 등을 지시 하는 장치를 "신호등"이라고 합니다. 그런데 이러한 설비를 일본에서는 "信号機" 혹은 "信号"라고 합니다.(※일본어 信号灯는 누군가에게 신호를 보내기 위한 일종의 등불)

신호등(信号機, しんごうき)

- 現在、S小学校前の横断歩道に信号機が設置されていない。
  현재 S초등학교 앞의 횡단보도에 신호등이 설치되어 있지 않다.

- 左手に見える交番を過ぎて３つ目の信号を右折してください。
  왼쪽에 보이는 파출소를 지나 세 번째 신호등에서 우회전하십시오.

※ 다음 일본어 가운데 틀린 곳을 찾아 보세요!

犯人は30歳前後の男で、ベージュ色の洋服を着ていた。

해답은 다음페이지에

양복 VS 洋服

NO 犯人は30歳前後の男で、ベージュ色の洋服を着ていた。

YES 犯人は30歳前後の男で、ベージュ色の背広[or スーツ]を着ていた。

범인은 30세 전후의 남자로, 베이지색 양복을 입고 있었다.

Words Check
- ☐ 犯人 범인
- ☐ 前後 전후
- ☐ ベージュ 베이지
- ☐ 洋服 양복
- ☐ 背広 정장
- ☐ スーツ 수트, 정장
- ☐ 着る 입다

우리말 "양복"과 일본어 "洋服"은 같은 한자이다 보니 기초 과정뿐 아니라 상당한 실력을 갖춘 사람도 무심코 같은 의미로 사용하고 있는 단어입니다.

우리말의 양복은 "남성의 서양식 정장"의 뜻으로 주로 사용되는데 반하여, 일본어 "洋服"는 "서양식 의복"을 나타내며 일본의 전통옷인 "和服"에 대비되는 개념으로 사용되고 있습니다.

- 私は洋服をたくさん持っていますが、主にカジュアルが多いです。
  나는 옷을 많이 가지고 있습니다만, 주로 캐주얼이 많습니다.

- 友達の出産祝いに赤ちゃんの洋服をプレゼントしようと思います。
  친구의 출산선물로 아기 옷을 선물하려고 생각합니다.

옷을 "服"라고 하지만 일본어 洋服도 우리말로는 주로 위와 같이 "옷"으로 해석 됩니다. 그러나 아래와 같이 해석이 껄끄러운 예도 있습니다.

- 彼女は肩幅が広いので和服よりも洋服の方が似合います。
  그녀는 어깨 폭이 넓어서 기모노보다 그냥(일반) 옷이 더 어울립니다.

洋服(ようふく)　　　和服(わふく)

● ゆうべはよっぱらって洋服を着(き)たまま眠(ねむ)ってしまった。
　어젯밤엔 너무 취해서 옷을 입은 채 잠들어 버렸다.

위와 같은 예문은 나도 모르게 "양복"으로 해석해 버릴 것 같은 문장인데, 여자가 쓴 글일 수도 있으므로 해석에 주의하기 바랍니다.

다만 "洋服"은 일본 옷인 "和服"에 대비되는 모든 서양식 옷을 일컫는 말이므로, 우리나라의 "양복(背広(せびろ), スーツ)"도 포함될 수 있습니다.

> 참고 <背広와 スーツ의 차이>
>
> 일본에서 옷의 의미로 "洋服(ようふく)"을 많이 사용하는 이유는 한복을 잘 입지 않는 우리와 달리 和服(わふく)를 많이 입기 때문으로 생각된다.
>
> 남성의 서양식 정장을 나타내는 우리말 "양복"은 일본어로 "背広(せびろ)" 혹은 "スーツ"라고 표현할 수 있다.
>
> ● 男性(だんせい)はヨーロッパ式(しき)に背広(せびろ)を着(き)ていたが、女性(じょせい)のほとんどが着物姿(きものすがた)だった。
> 　남성은 유럽식으로 양복을 입고 있었지만, 여성의 대부분이 기모노 차림이었다.
>
> ● ゆうべはよっぱらって背広[≒スーツ]を着(き)たまま眠(ねむ)ってしまった。
> 　어젯밤엔 너무 취해서 양복을 입은 채 잠들어 버렸다.
>
> ● 日本人男性(にほんじんだんせい)は結婚式(けっこんしき)では黒(くろ)のスーツに白(しろ)のネクタイをつけています。
> 　일본인 남성은 결혼식에서는 검정색 양복에 흰 넥타이를 매고 있습니다.

그런데 일본의 "スーツ(suit)"는 남성뿐만 아니라 여성의 정장에도 사용하는 말이다. 참고로 같은 단어 "슈트"는 국어사전에 "상의와 하의를 같은 천으로 만든 한 벌의 양복"으로 설명되어 있다.

- 昨日市内のあるデパートでスーツを 2 着買いました。
  어제 시내의 한 백화점에서 양복[or 양장] 두 벌을 샀습니다.
  (말하는 이가 여자인지 남자인지 불분명할 경우 "정장"으로 해석해도 좋다.)

- 秘書は色も白くて、ピンクのスーツがよく似合う女性だった。
  비서는 피부도 희고, 핑크색 양장이 잘 어울리는 여성이었다.

※ 다음 일본어 가운데 틀린 곳을 찾아 보세요!

うちの娘は演芸人になるためにテレビに出演するのが夢です。

해답은 다음페이지에

연예인 vs 演芸人

NO うちの娘は演芸人になるためにテレビに出演するのが夢です。

YES うちの娘は芸能人になる為にテレビに出演するのが夢です。

우리 딸은 연예인이 되기 위해 텔레비전에 출연하는 것이 꿈입니다.

Words Check ☐ 娘 딸　☐ 芸能人 연예인　☐ 出演 출연　☐ 夢 꿈

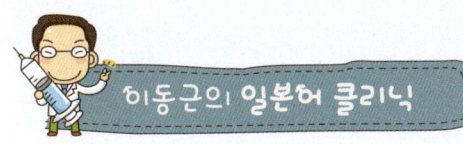

예술(芸術), 연예(演芸), 예능(芸能)은 아주 밀접한 관계에 있어, 이를 정확히 구별하여 표현할 수 있는 사람은 극히 드물 것입니다.

일본어 "演芸"는 관중을 앞에 두고 펼치는 마술, 만담, 곡예, 음악, 무용 등 대중적인 예능을 나타냅니다. 이 외에도 인형극, 복화술 등 우리나라에서는 일반적이지 않은 수 많은 것이 있으며, 여기에 종사하는 사람을 "演芸人"이라고 합니다.

우리가 흔히 접하는 연극, 대중가요, 영화 등은 일본에서 "芸能"라고 하며, 직업으로서 "芸能"에 종사하는 사람을 "芸能人"이라고 합니다.

쉽게 표현하면, 가수, 탤런트, 영화배우 등 우리나라에서 "연예인"으로 칭하는 사람들은 일본에서는 "芸能人"이라고 하며, 이들이 소속된 사회(연예계)를 "芸能界"라고 합니다.

- 芸能界は華やかで魅力的だが、その反面、非常に厳しい世界でもある。
  연예계는 화려하고 매력적이지만, 그 반면, 대단히 냉엄한 세계이기도 하다.

* 다음 일본어 가운데 틀린 곳을 찾아 보세요!

高3になってからはなかなか娯楽室に行く暇がありません。

해답은 다음페이지에

오락실 VS 娯楽室

NO 高3になってからはなかなか娯楽室に行く暇がありません。

YES 高3になってからはなかなかゲームセンターに行く暇がありません。

고 3이 되고 나서는 좀처럼 오락실에 갈 틈이 없습니다.

□ ゲームセンター 게임센터, 오락실   □ 暇 틈, 여유

오락(娯楽)이란 쉬는 시간에 여러 가지 방법으로 기분을 즐겁게 하는 일을 말하는데, 이에는 "장기, 바둑, 독서, 음악 감상, 윷놀이 등" 수 많은 놀이가 있습니다.

- 貴族たちは狩猟をはじめとするさまざまな娯楽を楽しんでいました。
  귀족들은 수렵(사냥)을 비롯한 여러 가지 오락을 즐기고 있었습니다.

일본에서는 "직장, 온천 등의 시설"에 위와 같은 "오락"을 할 수 있는 방을 두어 이를 "娯楽室"이라고 일컫는 경우가 많습니다.(사실 "오락실"을 사전적인 풀이로 보면 일본어 "娯楽室"과 의미가 같습니다.)

 참고 <오락실>

우리나라에서는 주로 "전자오락실"을 줄여 "오락실"이라고 말하는데, 이와 같은 곳을 일본에서는 "ゲームセンター"라고 하며 줄여서 "ゲーセン"라고도 한다.
또한 우리나라의 "성인오락실"의 경우는 일본의 "パチスロ(일본의 パチンコ店에 설치되어 있는 スロットマシン)"의 변형된 형태라고 보면 되는데, 굳이 표현을 하고자 한다면 직역을 한 후 부연 설명을 해 주면 될 것이다.

- 私も1年の時は、友達とゲーセンにはるばる10km先まで、ゲームしに行った。
  나도 1학년 때는, 친구와 오락실에 저 멀리 10km 앞까지, 오락하러 갔다.

※ 다음 일본어 가운데 틀린 곳을 찾아 보세요!

道路を横断するときは、必ず横断歩道か、陸橋を渡ってください。

해답은 다음페이지에

육교 vs 陸橋

NO 道路を横断するときは、必ず横断歩道か、陸橋を渡ってください。

YES 道路を横断するときは、必ず横断歩道か、歩道橋を渡ってください。

도로를 횡단할 때는, 반드시 횡단보도나 육교를 건너 주십시오.

Words Check　□ 道路 도로　□ 横断歩道 횡단보도　□ 歩道橋 육교
　　　　　　　□ 渡る 건너다

이동근의 일본어 클리닉

일본어 "陸橋"의 일반적인 뜻은 도로나 철길 위로 지나는 자동차 도로(일종의 다리)를 말하며, 도로의 연장이므로 양쪽 옆에 인도가 있는 경우가 많습니다. 즉 사람도 자동차도 건너갈 수 있다는 의미입니다. 사람들이 횡단하는 "육교"는 일본어로 "横断歩道橋"라 하며, 일반적으로 이를 줄인 "歩道橋"라는 말을 사용합니다.

陸橋　　　　　歩道橋

- 陸橋を渡って真っすぐに行くと、左側にコンビニのサークルKがあります。
  철로 위 다리를 건너 똑바로 가면, 왼쪽에 편의점인 서클 K가 있습니다.

- 学校の近所には自転車で渡れる歩道橋があって、けっこう便利です。
  학교 근처에는 자전거로 건널 수 있는 육교가 있어, 꽤 편리합니다.

아래 문장은 한국을 방문했던 한 일본사람이 자신의 블로그에 남긴 글입니다.
歩道橋(over-pass)を韓国語では陸橋(ユッキョ)と言います。表現の違いが面白いですね。
(歩道橋를 한국어로는 陸橋라고 말합니다. 표현의 차이가 재미있군요!)

※ 다음 일본어 가운데 틀린 곳을 찾아 보세요!

飲料水をたくさん飲むと、糖分を取りすぎて、肥満の原因になる。

해답은 다음페이지에

음료수 VS 飲料水

NO ~~飲料水~~(いんりょうすい)をたくさん飲(の)むと、糖分(とうぶん)を取(と)りすぎて、肥満(ひまん)の原因(げんいん)になる。

YES 清涼飲料水(せいりょういんりょうすい)をたくさん飲むと、糖分を取りすぎて、肥満の原因になる。

음료수를 많이 마시면, 당분을 너무 섭취하여, 비만의 원인이 된다.

Words Check
- □ 清涼飲料水(せいりょういんりょうすい) 청량음료수
- □ 飲(の)む 마시다
- □ 糖分(とうぶん) 당분
- □ 肥満(ひまん) 비만
- □ 原因(げんいん) 원인

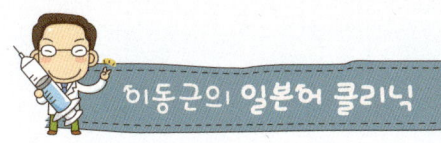

일본에서의 "飲料水"의 뜻은 "飲むのに適した水。飲み水。(마시기에 적합한 물, 먹는 물)"을 의미합니다. 오해의 소지가 있는 말이므로 사용에 유의하기 바랍니다.

- 最近飲料水を買って飲んでいる人が急増しています。
  최근에 먹는 물을 사서 마시고 있는 사람이 급증하고 있습니다.

우리나라에서는 "사람이 갈증을 해소하거나 맛을 즐길 수 있도록 만든 물."을 "음료수"라고 하는데 이때의 일본어는 "清涼飲料水"가 됩니다.

- 参加者に未成年者がいる場合は、酒とは別に清涼飲料水を準備しておく。
  참가자에 미성년자가 있을 경우는, 술과는 별도로 음료수를 준비해 둔다.

일본의 清涼飲料水

음식점, 술집, 기내 서비스 등에서 표현되는 "음료수"는 "飲み物(마실 것)"가 좋습니다.

- お客様、お飲み物は何になさいますか。
  손님, 음료(수)는 무엇으로 하시겠습니까?

※ 다음 일본어 가운데 틀린 곳을 찾아 보세요!

車道と人道が区分された道路では、自転車は車道通行が原則です。

해답은 다음페이지에

제1장 같은 단어 다른 뜻

인도 vs 人道

NO 車道と<s>人道</s>が区分された道路では、自転車は車道通行が原則です。

YES 車道と歩道が区分された道路では、自転車は車道通行が原則です。

차도와 인도가 구분된 도로에서는, 자전거는 차도통행이 원칙입니다.

Words Check
- 車道 차도
- 人道 인도, 도리
- 歩道 인도
- 区分 구분
- 道路 도로
- 自転車 자전거
- 通行 통행
- 原則 원칙

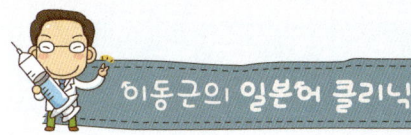

인도(人道)는 한일 양국의 사전적 의미(①사람으로서 마땅히 지켜야 할 도리. ②보행자의 통행에 사용하도록 된 도로)는 똑같은 말입니다. 그러나 우리말 "인도"는 실생활에서 ②의 의미로 많이 사용되는 데 반해 일본어 "人道"는 ②의 의미로는 거의 사용이 되지 않는 말입니다.

- 北朝鮮の『拉致』は主権の侵害であり、人道にもとる行為でもある。
  북한의 "납치"는 주권의 침해이며, 인도에 어긋나는 행위이기도 하다.

위와 같이 "인간의 도리"라는 의미로 사용되며, 주로 "人道にもとる(反する)"의 형태로 사용됩니다. "人道的、非人道的"도 많이 사용되는 말입니다.

②의 의미로는 일본에서 "歩道"를 사용합니다. 물론 이 단어는 우리나라에서도 사용되므로 "보도"라고 해석해도 됩니다.

- ガードレール等がなく、車道と歩道の区分がしっかりしてない道路が多い。
  가드레일 따위가(같은 것이) 없고, 차도와 인도의 구분이 제대로 안 된 도로가 많다.

- 鐘路通りで乗用車が歩道に突っ込み、歩行者8人を次々にはねた。
  종로거리에서 승용차가 인도로 뛰어들어 보행자 8명을 잇따라 치었다.

※ 다음 일본어 가운데 틀린 곳을 찾아 보세요!

今日ここに集まった人は皆、日食が大好きす。

해답은 다음페이지에

일식 vs 日食

NO 今日ここに集まった人は皆、~~日食~~が大好きす。

YES 今日ここに集まった人は皆和食[or 日本食]が大好きす。

오늘 여기에 모인 사람은 모두 일식을 아주 좋아합니다.

Words Check
- 集まる 모이다
- 日食 일식
- 和食 일본 음식
- 日本食 일본 음식

틀렸다고는 할 수 없지만, 오해의 소지가 있습니다. 일본어 "日食"은 음식을 나타내는 말이 아니라 일식(日蝕, 달이 태양의 일부나 전부를 가리는 현상)을 나타내는 말로, 위의 문장은 그러한 현상이나 그것을 보는 것을 좋아한다는 뜻입니다.

- 来年3月15日に、世界の一部の場所で日食を見ることができます。
  내년 3월 15일에 세계의 일부 장소에서 일식(日蝕)을 볼 수가 있습니다.

그런데, 대체로 "일식"을 좋아한다고 함은 "일본음식(日本料理)"을 좋아한다는 의미로 사용되는 말일 겁니다. 우리말 "일식(日食)"의 뜻은 "일본식 음식"이며, 일본어로는 "和食" 혹은 "日本食"라고 합니다.

日本料理＝和食＝日本食

- 和食がヨーロッパで人気があるのは洋食に比べてカロリーが低いからです。
  일식이 유럽에서 인기가 있는 것은 양식에 비해 칼로리가 낮기 때문입니다.

- 外国で最もよく知られている日本食はお寿司だと思います。
  외국에서 가장 잘 알려져 있는 일식(일본음식)은 초밥이라고 생각합니다.

- 2階の和食レストランで夕食を取ったが、やや価格が高い感じがした。
  2층의 일식당에서 저녁식사를 했는데, 약간 가격이 비싼 느낌이 들었다.

일본음식을 먹을 수 있는 곳을 "일식당, 일식집"이라고 하는데 일본에서는 "和食店(わしょくてん)" 혹은 "和食レストラン"이라 하며, 해외에 있는 "일식당, 일식집"은 "日本食レストラン"이라 부르고 있습니다. 다만, 우리나라를 비롯한 외국의 "일식집"에서 먹을 수 있는 일식은 몇 가지 메뉴에 불과하기 때문에 엄밀한 의미에서는 일본의 "和食店(わしょくてん) 등"과 차이가 있다고 하겠습니다.

● 海外(かいがい)に日本食(にほんしょく)レストランが多(おお)く登場(とうじょう)し始(はじ)めたのは1980年代(ねんだい)ごろです。
해외에 일식집이 많이 등장하기 시작한 것은 1980년대 무렵입니다.

 참고

우리나라의 것은 "한식(韓食)"처럼 "韓"을 사용하여 나타내는데, 일본 것은 "일(日)"이 아닌 "和(わ)"로서 나타낸다.

한국어	대비되는 일본어	비고
한과 →	和菓子(わがし)	화과자
한복 →	和服(わふく)	기모노
한식 →	和食(わしょく)	일식
한우 →	和牛(わぎゅう)	
한지 →	和紙(わし)	
온돌방 →	和室(わしつ)	다다미방

다양한 모양의 和菓子(わがし)

다다미방 和室(わしつ)

※ 다음 일본어 가운데 틀린 곳을 찾아 보세요!

　　いなか　　こうつう　　びん　　わる　　　　　　　じかよう　　ひつじゅ
　田舎は交通の便が悪いので、自家用は必需
ひん　　　い
品と言えます。

해답은 다음페이지에

제1장 같은 단어 다른 뜻

자가용 VS 自家用

NO 田舎(いなか)は交通(こうつう)の便(びん)が悪(わる)いので、~~自家用(じかよう)~~は必需品(ひつじゅひん)と言(い)えます。

YES 田舎は交通の便が悪いので、自家用車(じかようしゃ)(＝マイカー)は必需品と言えます。

시골은 교통편이 나쁘므로, 자가용은 필수품이라 할 수 있습니다.

Words Check
- 田舎(いなか) 시골
- 交通(こうつう) 교통
- 便(びん) 편
- 悪(わる)い 나쁘다
- 自家用車(じかようしゃ)(＝マイカー) 자가용
- 必需品(ひつじゅひん) 필수품

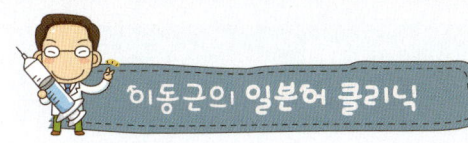

자가용(自家用)이란 "영리를 목적으로 하지 않고 개인 또는 개인의 가정에서 전용하는 것"을 나타내는 말입니다. 두 나라의 일상에서 정말 많이 사용되는 이 말은 우리나라에서는 대체로 "자동차"를 지칭하지만, 일본에서는 단어 자체가 자동차를 지칭하지는 않습니다.

- この食器は、自家用にそしてギフトに大変人気のある商品です。
  이 식기는 집에서 쓰거나 선물로 대단히 인기가 있는 상품입니다.

- 家の周りはほとんどが農家で、自家用にいろいろな野菜を作っている。
  집 주위는 거의가 농가이며 집에서 먹을 여러 가지 채소를 가꾸고 있다.

위의 "自家用に"를 "자가용으로"라고 해석하지 못하는 것은 아니나, 우리말은 역시 자연스럽지 못합니다.

자동차의 경우 일본에서는 "自家用車" 혹은 "マイカー"라고 표현합니다.

- 自家用車の普及でいちばん影響を受けたのが路線バスです。
  자가용의 보급으로 가장 영향을 받은 것이 노선버스입니다.

- 自然環境保護のため、富士山はマイカーを規制しています。
  자연환경 보호를 위하여, 후지산은 자가용을 규제하고 있습니다.

※ 다음 일본어 가운데 틀린 곳을 찾아 보세요!

容疑者は刑事が潜伏していることに気づき、逃走してしまった。

해답은 다음페이지에

제1장 같은 단어 다른 뜻

잠복 vs 潜伏

NO 容疑者は刑事が潜伏していることに気づき、逃走してしまった。

YES 容疑者は刑事が張り込んでいることに気づき、逃走してしまった。

용의자는 형사가 잠복하고 있는 것을 눈치채고, 도주해 버렸다.

Words Check
- 容疑者 용의자
- 刑事 형사
- 張り込む 잠복하다
- 気づく 눈치채다
- 逃走 도주

 이동근의 일본어 클리닉

우리말 "잠복"과 일본어 "潜伏"은 "감염된 병원균이 증상을 드러내지 않음"이라는 의미로는 공통적으로 사용되고 있지만, 그 외의 사용법에는 미묘한 차이를 갖는 말입니다.

- 結核菌は子供時代から彼女の体内に潜伏していたらしい。
  결핵균은 아이시절부터 그녀의 체내에 잠복했었던 것 같다.

"드러나지 않게 몰래 숨어 있음"을 뜻하는 이 단어는 우리와 달리 일본에서는 "범죄를 저지른 자"가 잡히지 않도록 "몸을 숨기다(身を隠す)"는 뜻을 가지고 있습니다.

- 警察は犯人が香港に潜伏しているとの情報を入手した。
  경찰은 범인이 홍콩에 은신(隱身)하고 있다는 정보를 입수했다.

주로 형사들이 범인을 잡기 위해 몸을 숨기는 "잠복"은 일본어로 "張り込み"라고 하며, 그 동사형은 "張り込む" 입니다.

- 日本ドラマなどで張り込み中の刑事の食事は、いつもあんパンと牛乳だ。
  일본 드라마 등에서 잠복 중인 형사의 식사는, 언제나 단팥빵과 우유다.

 자가진단

＊다음 일본어 가운데 틀린 곳을 찾아 보세요!

予選は、一番「早く」正答を当てたチームに賞が与えられます。

해답은 다음페이지에

정답 vs 正答

NO 予選は、一番「早く」正答を当てたチームに賞が与えられます。

YES 予選は、一番「早く」正解を出したチームに賞が与えられます。

예선은, 가장 "빨리" 정답을 맞힌 팀에 상이 주어집니다.

Words Check
- 予選 예선
- 一番 가장
- 早い 빠르다
- 正解 정답
- チーム 팀
- 賞 상
- 与える 주다

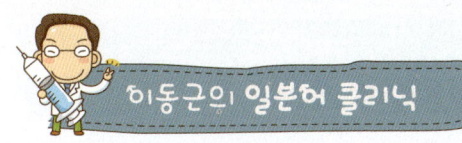

우리 한국인이라면 "정답=正答, 맞히다=当てる(正しく推測する)"의 관계에서 쉽게 사용할 수 있는 표현이지만, 일본어로서는 일반적인 표현은 아닙니다.

- 外国の女性の年齢を当てるのは韓国女性以上に難しい。
  외국 여성의 나이를 맞히는 것은 한국 여성 이상으로 어렵다.

정답은 일본어로 "正答"과 "正解"가 있는데 "正答率" 외에는 후자를 압도적으로 많이 사용합니다.

- 4択問題で最も正答率が高いのは、3番目である。
  4지선다형 문제에서 가장 정답률이 높은 것은, 3번째이다.

- 正解者の中から抽選で5名様に「りんご1箱」をプレゼントします。
  정답자 중에서 추첨으로 다섯 분에게 "사과 한 상자"를 선물합니다.

"정답을 맞히다"는 일본어로 "正答を出す 혹은 正解を当てる"라고 사용할 수도 있지만, "正解を出す 혹은 正解する"의 형태가 압도적으로 많이 사용됩니다.

- 10問中8問以上正解しなければならず、制限時間はない。
  열 문제 중 여덟 문제 이상 정답을 맞혀야만 하며, 제한시간은 없다.

※ 다음 일본어 가운데 틀린 곳을 찾아 보세요!

自動車は、地球温暖化の主犯であるＣＯ２
(二酸化炭素)を排出する。

해답은 다음페이지에

제1장 같은 단어 다른 뜻 145

주범 vs 主犯

NO 自動車は、地球温暖化の ~~主犯~~ であるＣＯ２(二酸化炭素)を排出する。

YES 自動車は、地球温暖化の元凶であるＣＯ２(二酸化炭素)を排出する。

자동차는, 지구 온난화의 주범인 CO2(이산화탄소)를 배출한다.

Words Check
- □ 自動車 자동차
- □ 地球温暖化 지구온난화
- □ 主犯 주범
- □ 元凶 원흉
- □ 二酸化炭素 이산화탄소
- □ 排出 배출

"주범"은 "①자신의 의사에 따라 범죄를 실제로 저지른 사람"을 말합니다.

● ＮＨＫの報道では、誘拐事件の主犯はまだ逮捕されていない。
   NHK의 보도로는, 유괴사건의 주범은 아직 체포되지 않았다..

위의 뜻만을 가지고 있는 일본어와는 달리 우리나라에서는 "②어떤 일에 대하여 좋지 아니한 결과를 만드는 주된 원인."의 뜻으로도 사용되는데, 이 경우 일본어로는 "元凶"이라고 합니다.

● Ａ市では車が大幅に増加し、大気汚染と交通渋滞の元凶になっている。
   A시에서는 차가 큰 폭으로 증가해, 대기오염과 교통체증의 주범이 되고 있다.

✱ 다음 일본어 가운데 틀린 곳을 찾아 보세요!

返却時にガソリンを満タンに注油して返すことになっている。

해답은 다음페이지에

주유 vs 注油

NO 返却時にガソリンを満タンに注油して返すことになっている。

YES 返却時にガソリンを満タンに給油して返すことになっている。

반납 시에 휘발유를 탱크 가득히 주유하여 돌려주기로 되어 있다.

Words Check
- 返却 반납
- ガソリン 휘발유
- 満タン 가득
- 注油 주유, 기름 치다
- 給油 급유, 주유
- 返す 돌려주다

히동근의 일본어 클리닉

국어 사전을 보면, 급유와 주유의 차이를 느낄 수가 없습니다. 두 단어 모두 ①자동차 등에 기름을 넣다 ②기계 등에 기름을 치다 라는 뜻을 가지고 있기 때문입니다.

일본어의 경우 "給油(きゅうゆ)"에는 ①②의 의미를 모두 가지고 있으나, 실제로는 주로 ①의 뜻으로 사용하고 있습니다. 그리고 注油(ちゅうゆ)는 ②의 뜻만을 가지고 있습니다.

- ミシンを頻繁(ひんぱん)に使(つか)う場合(ばあい)は、週(しゅう)に1回注油(ちゅうゆ)して(＝油をさして)ください。
  재봉틀을 빈번히 사용하는 경우는, 1주일에 한 번 기름을 쳐 주십시오.

우리말의 경우 주유는 자동차에 "기름을 넣는" 의미로 많이 사용되며, 그 외의 비행기, 선박이나 난로 등 "연료를 보급"하는 의미에서는 "급유"가 주로 쓰이는 듯합니다.

- 10年前(ねんまえ)パリを訪問(ほうもん)した時(とき)、給油のために香港(ほんこん)に立(た)ち寄(よ)ったことがある。
  10년 전 파리를 방문했을 때, 급유를 위해 홍콩에 들른 적이 있다.

- 危険防止(きけんぼうし)のため給油時(とき)は必(かなら)ずエンジンを止(と)めてください。
  위험 방지를 위해 주유 시에는 반드시 시동을 꺼 주십시오.

앞에서 일본어 注油는 우리말과 달리 기계 등에 "기름을 치다(＝油を差す)"의 의미를 가진 말이라고 설명하였습니다. 따라서 우리가 사용하는 "주유"는 일본어로는 거의 모두 "給油"가 된다고 보면 됩니다.

- 給油機(きゅうゆき)の前(まえ)に車(くるま)の給油口(きゅうゆぐち)側(がわ)を合(あ)わせてとめてください。
  주유기 앞에 차의 주유구 쪽을 맞춰 세워 주십시오.

- 宿泊客(しゅくはくきゃく)には抽選(ちゅうせん)で500円～5,000円の給油券(きゅうゆけん)をプレゼントします。
  숙박객에게는 추첨을 통해 500엔~5,000엔의 주유권을 선물합니다.

제1장 같은 단어 다른 뜻

참고

휘발유(揮発油)는 주로 영어인 "ガソリン"을 많이 사용하며, 크게 보통휘발유(レギュラー)와 고급휘발유(ハイオク)로 나뉜다.

- 주유소　　　給油所(일본식 영어인 ガソリンスタンド로도 많이 쓰임)
- 셀프 주유소　セルフ給油所(セルフスタンド라고도 함)
- 주유기　　　給油機
- 주유구　　　給油口
- 주유건　　　給油ガン 등

<セルフ給油所>
셀프주유소

給油口

給油ガン →

給油機(きゅうゆき)

자가진단

※ 다음 일본어 가운데 틀린 곳을 찾아 보세요!

① 食事中(しょくじちゅう)には携帯電話(けいたいでんわ)の電源(でんげん)を切(き)るか震動(しんどう)に設定(せってい)してください。
② 病室(びょうしつ)の扉(とびら)を開(あ)けたとたん、消毒薬(しょうどくやく)のにおいが振動(しんどう)した。

해답은 다음페이지에

진동 vs 震動, 振動

NO ① 食事中には携帯電話の電源を切るか震動に設定してください。

YES ① 食事中には携帯電話の電源を切るかマナーモードに設定してください。

식사 중에는 휴대전화의 전원을 끄든가 진동으로 설정해 주십시오.

Words Check
- 食事 식사
- 携帯電話 휴대전화
- 電源 전원
- 切る 끄다
- 振動 진동
- マナーモード 진동, 매너 모드
- 設定 설정

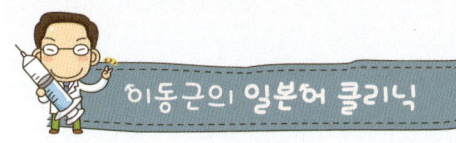

우리말 진동(震動, 振動)은 일본어로 しんどう(震動, 振動)라고 합니다. 두 단어를 정확히 구분하기는 쉽지 않으나, 발음이 같으므로 잘못 표기하더라도 크게 문제가 되지 않습니다.

진동(震動)은 "물체가 몹시 울리어 흔들림."의 뜻을 나타내며, 또 진동(振動)은 "① 흔들려 움직임, ② 냄새 따위가 아주 심하게 나는 상태."의 뜻을 가집니다.

- 大型トラックが通るたびに家は震動した。
  대형 트럭이 지나갈 때마다 집은 진동했다

- 飛行機の騒音でガラス戸が振動した。
  비행기의 소음으로 유리문이 진동했다.

그러나 "진동＝しんどう"가 되지 않는 용법이 우리말에 있는데, ①의 "휴대폰"에 사용되는 표현과 ②의 냄새 관련 표현이 그것입니다.

휴대폰의 신호음이 울리지 않도록 하는 것을 우리나라에서는 "진동"이라 표현 (일부 휴대전화에서 "에티켓 모드"로 표시)하지만, 일본에서는 이를 "マナーモード"라고 표현합니다.

マナモードに設定
して下さい

館内での通話はご遠慮下さい

제1장 같은 단어 다른 뜻

또한 우리말 진동(振動)에는 "냄새 따위가 아주 심하게 나는 상태."를 의미하기 도 하는데, 일본어에는 이와 같은 용법이 없으며 "鼻を突く(코를 찌르다)"가 가장 가까운 의미라고 할 수 있습니다.

NO ② 病室の扉を開けたとたん、消毒薬のにおい
　　が振動した。

YES ② 病室の扉を開けたとたん、消毒薬のにおい
　　が鼻をついた。

병실 문을 연 순간, 소독약 냄새가 진동했다.

● ゴミ捨て場は悪臭が鼻をつき、ハエがたかりネズミが出る。
　쓰레기장은 악취가 진동하며(=코를 찌르며), 파리가 꾀고 쥐가 나온다.

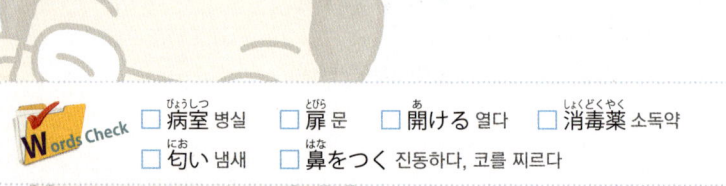

病室 병실　　扉 문　　開ける 열다　　消毒薬 소독약
匂い 냄새　　鼻をつく 진동하다, 코를 찌르다

이동근 샘의 +Plus 일본어 운진 처방

Q : 선생님, 우리나라에서는 화장실에서 변기를 사용한 후에 '물을 내리다'라고 표현하는데요. 일본에서는 어떤 식으로 말하나요?

A : 네. 변기를 사용한 후에는 물을 잘 내리는 것이 청결한 화장실을 사용하기 위한 기본 에티켓이죠. 변기 등에서 사용하는 "(물을) 내리다"는 일본어로 "(水を)流す"라고 하며, 자동사 "(물이)내려가다"는 "(水が)流れる"라고 합니다. "流す"는 "흘리다, 흐르게 하다"라는 의미의 타동사이고, "流れる"는 "흐르다, 흘러 내리다"라는 의미의 자동사입니다. 위의 대표적인 의미 외에도 여러 의미가 있는 단어이니 잘 익혀두면 유용하게 쓸 수 있는 동사입니다.

- 使用後のトイレットペーパーはそのまま便器に入れて流してください。
  사용 후의 화장지는 그대로 변기에 넣어 내려 주십시오.

- 昨日まで大丈夫だった台所が 排水溝が詰まってるのか水が流れない。
  어제까지 괜찮았던 부엌이 배수구가 막혔는지 물이 내려가지 않는다.

- トイレは使用後、必ず水を流してください。
  화장실은 사용 후, 반드시 물을 내려 주십시오.

※ 다음 일본어 가운데 틀린 곳을 찾아 보세요!

大企業と中小企業の大卒初任を比べると、
大きな差はない。

해답은 다음페이지에

제1장 같은 단어 다른 뜻

초임 VS 初任

NO 大企業(だいきぎょう)と中小企業(ちゅうしょうきぎょう)の大卒(だいそつ)初任(しょにん)を比(くら)べると、大(おお)きな差(さ)はない。

YES 大企業と中小企業の大卒初任給(しょにんきゅう)を比べると、大きな差はない。

대기업과 중소기업의 대졸 초임을 비교하면, 큰 차이는 없다.

Words Check
- 大企業(だいきぎょう) 대기업
- 中小企業(ちゅうしょうきぎょう) 중소기업
- 大卒(だいそつ) 대졸
- 初任給(しょにんきゅう) 초임
- 差(さ) 차

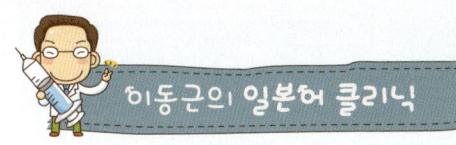

사전적인 의미로는 우리말 "초임"에도 일본어와 똑같이 "처음으로 어떤 직에 임명되거나 취임함"이라는 의미밖에 없습니다.

● 就職を考える学生にとって初任給の多い少ないは大きな関心事です。
　취직을 생각하는 학생에게 있어서 초임이 많고 적음은 큰 관심사입니다.
　(※ 국어사전에도 위의 의미가 일본어와 같은 "초임급"으로 나와 있습니다.)

같은 의미의 일상어 "초봉(初俸)"은 일본어에 없으며, 그 대신 "初給"란 한자어가 사용됩니다.

● アメリカでも教職の初給はとても低いです。
　미국에서도 교직의 초봉은 매우 낮습니다.

 참고

사전적인 의미로 보면 일본어와 우리말은 똑 같다. 그러나 "첫 월급"이란 의미에서 우리말은 "초임, 초봉"을 주로 사용하며, 일본어는 "初任給"을 주로 사용한다.

● 普通の会社なら、高卒の初任給は、16万円ぐらいと考えられます。
　보통 회사라면, 고졸의 초임(초봉)은, 16만엔 정도라고 생각할 수 있습니다.

※ 다음 일본어 가운데 틀린 곳을 찾아 보세요!

同窓会の総務を引き受けたが何からしていいのかわからない。

해답은 다음페이지에

제1장 같은 단어 다른 뜻　157

UNIT 1-61 총무 VS 総務

NO 同窓会の総務を引き受けたが何からしていいのかわからない。

YES 同窓会の幹事を引き受けたが何からしていいのかわからない。

동창회의 총무를 맡았지만 무엇부터 해야 좋은지 모르겠다.

Words Check
- 同窓会 동창회
- 総務 총무
- 幹事 총무
- 引き受ける 맡다

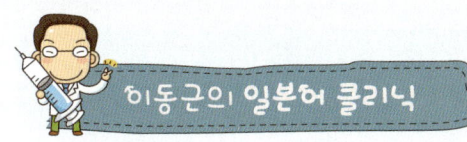

"총무"란 어떤 기관이나 단체의 전체적이며 일반적인 사무 또는 그 일을 맡아보는 사람을 의미하며, 일상에서 많이 사용되는 말입니다.

● 父が理事、母が総務を務めており、自分も事務局を手伝っています。
아버지가 이사, 어머니가 총무를 맡고 있으며, 저도 사무국을 거들고 있습니다.

다만, 일본어의 "総務"는 주로 회사, 정당 등 큰 조직에 사용하는 말입니다. 위의 예문은 "총무과, 총무부" 등 부서장으로 있다는 뜻이 됩니다.

우리나라에서는 "동호회, 반창회, 동창회" 등 작은 모임 혹은 단체에서 회장을 도와서 전체 살림을 맡아 하는 사람을 흔히 "총무"라고 일컫는데, 일본에서는 이 경우 "幹事"라 부릅니다.

● おととしまでは毎年幹事を決めてクラス会を開いていました。
재작년까지는 매년 총무를 정하여 반창회를 열고 있었습니다.

우리나라에서도 같은 의미로 "간사"라는 말이 사전에 나와 있으며, 또 이 말을 사용하는 것을 접한 적이 있지만 자연스러운 우리말로 느껴지지 않습니다.

※ 다음 일본어 가운데 틀린 곳을 찾아 보세요!

銀行に行って通帳を整理してみると、会社から50万円が入金されていた。

해답은 다음페이지에

UNIT 1-62 통장정리 vs 通帳整理

NO 銀行に行って通帳を整理してみると、会社から50万円が入金されていた。

YES 銀行に行って通帳を記帳してみると、会社から50万円が入金されていた。

은행에 가서 통장을 정리해 보니, 회사에서 50만 엔이 입금되어 있었다.

Words Check
- 銀行 은행
- 通帳 통장
- 整理 정리
- 記帳 통장정리
- 会社 회사
- 入金 입금

이동근의 일본어 클리닉

한국과 일본에서 거의 같은 의미를 갖는 "정리(整理)"는 ①흐트러진 상태에 있는 것을 가지런히 바로 잡거나, ②체계적으로 분류하고 종합함을 의미합니다. 짐, 서랍, 명함, 서류, 사진, 편지, 자료, 채무, 신변 등 수많은 표현에 공통적으로 사용되는 중요 한자어입니다.

● 彼女の部屋はいつもきれいに整理されています。
　그녀의 방은 언제나 깨끗하게 정리되어 있습니다.

● 名刺(領収書)は、別に整理して必ず保管してください。
　명함(영수증)은, 따로 정리해서 반드시 보관해 주십시오.

● 駅前の道路は国際マラソン大会のために交通整理が行われていた。
　역 앞 도로는 국제 마라톤 대회를 위해서 교통정리가 이루어지고 있었다.

통장의 거래(입출금) 내역을 통장에 표시하는 것을 우리는 흔히 "통장정리"라고 부릅니다. 그런데 일본어 "通帳整理"는 우리와 쓰임이 다른 말이므로 사용에 주의를 해야 합니다.

일본어 "通帳整理"는 명함, 영수증 등을 정리하는 개념으로 사용되는 표현입니다. 즉 사용하지 않는 것은 해지하거나, 따로 분리해 놓거나 하는 행위입니다.

● なぜかふと思い立って、机の中の使っていない銀行の通帳を整理した。
　왠지 문득 생각나서, 책상 안의 사용하지 않는 은행의 통장을 정리했다.

통장의 거래(입출금) 내역을 통장에 표시하는 것을 "通帳記入" 혹은 이를 줄인 말인 "記帳"이라고 합니다.

● 銀行へ行き通帳を記入してみるとAからお金が振り込まれていた。
은행에 가서 통장을 정리해 보니 A한테서 돈이 들어와 있었다.

● ＡＴＭで記帳してみると、残高が五千円ほどしかありません。
현금지급기로 통장정리해 보니, 잔액이 5천엔 정도 밖에 없습니다.

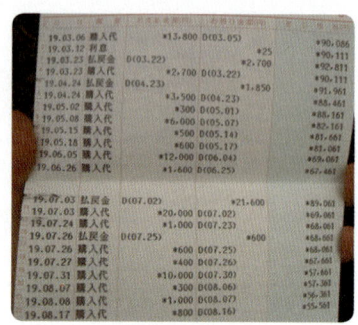

통장정리 = 記帳

ATM

통장 정리만 별도로 할 수 있는 전용 기계도 있습니다

자가진단

※ 다음 일본어 가운데 틀린 곳을 찾아 보세요!

この会社で働く人たちは何でもできる優秀な八方美人が多いです。

해답은 다음페이지에

팔방미인 vs 八方美人

NO この会社で働く人たちは何でもできる優秀な八方美人が多いです。

YES この会社で働く人たちは何でもできる優秀なマルチ人間が多いです。

이 회사에서 일하는 사람들은 뭐든지 할 줄 아는 우수한 팔방미인이 많습니다.

Words Check
- 会社 회사
- 働く 일하다
- 優秀 우수
- 八方美人 줏대가 없는 사람
- マルチ人間 팔방미인

우리나라의 "팔방미인"은 여러 방면에 능통한 사람을 말하며, 주로 칭찬의 뜻으로 사용합니다. 이에 반해 일본어 "八方美人(はっぽうびじん)"은 누구에게나 좋게 보이려고 하는 사람(혹은 줏대가 없는 사람)을 말하며, 주로 비난의 뜻으로 말합니다.

정말 팔방미인이시네요! / あなたは 八方美人ですね。

한국인 여성　　　일본인 여성

10년 전에 한국에 시집온 일본여성이 장기자랑 후 한국사람으로부터 "당신은 팔방미인이군요!" 라는 말을 듣고 기분이 썩 좋지 않았다고 합니다. 우리나라에서는 칭찬으로 하는 말인 줄 모르고 "あなたは 八方美人ですね!" 라고 받아들였기 때문이라고 합니다.

- 彼女(かのじょ)があまりにも八方美人なので困(こま)っています。
  여자친구가 아무한테나 잘 해 주어서 난처합니다.

- 彼(かれ)は八方美人で世渡(よわた)り上手(じょうず)なところがあり、反感(はんかん)を買(か)われることが多(おお)い。
  그는 줏대가 없고 처세가 능한 데가 있어, (사람들의) 반감을 사는 일이 많다.

그렇다면 도대체 우리말 "팔방미인"은 일본어로 뭐라고 하나? 하는 의문이 들 것입니다. 대표적인 표현은 일본어로는 "マルチ(multi)だ"를 사용하여 나타내며 주로 "マルチ(な)人間(にんげん)"이라고 합니다.

- 1人でいろんな楽器(がっき)が弾(ひ)けて作詞作曲(さくしさっきょく)もできるマルチな人(ひと)もいます。
  혼자서 여러 악기를 다룰 줄 알고 작사 작곡도 할 수 있는 팔방미인도 있습니다.

제1장 같은 단어 다른 뜻

참고

弾く(현악기와 건반악기를 울리다)는 아래와 같이 상황에 따라 해석이 달라지는 말이다.

- ピアノを弾く 피아노를 치다
- バイオリンを弾く 바이올린을 켜다
- 琴を弾く 거문고를 타다

● 彼は(何でもできる)マルチ人間だと自負しているが、実ははったりだ。
그는 (뭐든지 할 줄 아는) 팔방미인이라고 자부하고 있지만, 실은 뻥이다.

재주와 능력이 여러 가지로 많다는 의미로 형용사 "다재다능(多才多能)하다"가 있는데, 여기서도 "팔방미인"을 사용할 수 있습니다. 다만 일본어는 한자가 다릅니다.

● 姉は絵もかき、フラメンコを踊る強烈な個性をもった多芸多才な女性だった。
누나는 그림도 그리고, 플라맹고를 추는 강렬한 개성을 가진 다재다능한 여성이었다.

● この地域の女性は、一般的に頭がよく、多芸多才な人が多いようです。
이 지역 여성은 일반적으로 머리가 좋고, 팔방미인이 많은 것 같습니다.

이동근 샘의 +Plus 일본어 문진 처방

Q : 선생님, 대화와 관련하여 사람을 칭찬하거나 비난할 때 우리나라에서는 '입이 가볍다', '입이 무겁다'라고 표현하잖아요? 대화하는 건 입이 맞으니 일본에서도 직역하여 사용하면 되겠죠?

A : 네. 좋은 질문입니다. 하지만 아쉽게도 반은 맞고 반은 틀렸네요. 먼저 '말이 많거나 아는 일을 함부로 발설하다'라는 의미의 '입이 가볍다'는 일본에서도 똑같이 "口が軽い"라고 합니다. 하지만 '말이 적거나 아는 일을 함부로 발설하지 않는다'라는 의미의 '입이 무겁다'는 "口が重い"가 아닌 "口が堅い"라고 한다는 점에 주의하셔야 합니다. '입이 무겁다'의 직역인 "口が重い"는 일본에서는 '말수가 적다'라는 의미로 사용된답니다.

- この人になら、口が堅いので、安心して相談できる。
  이 사람에게라면, 입이 무겁기 때문에, 안심하고 상담할 수 있다.
  (=해서는 안 될 말을 함부로 발설하지 않기)

- 彼に言った私も軽率だが、もう少し口が堅い人だと信じていたので…。
  그에게 말한 나도 경솔하지만, 좀 더 입이 무거운 사람이라고 믿었기에...

- 彼女は口が重い男性に魅力を感じるそうだ。
  그녀는 입이 무거운(=과묵한) 남성에게 매력을 느낀다고 한다

※ 다음 일본어 가운데 틀린 곳을 찾아 보세요!

彼は平生たばこも吸わなかったし、お酒も飲まなかった。

해답은 다음페이지에

제1장 같은 단어 다른 뜻

평생 vs 平生

NO 彼は平生たばこも吸わなかったし、お酒も飲まなかった。

그는 평생 담배도 피우지 않았고, 술도 마시지 않았다.

YES 彼は平生たばこも → 그는 평소에 담배도

그는 평생 담배도 → 彼は一生(生涯)たばこも

Words Check
- 平生 평소
- たばこ 담배
- 吸う 피우다
- お酒 술
- 飲む 마시다
- 一生(生涯) 평생

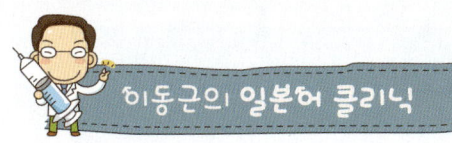

일본어 "平生(へいぜい)"은 우리말과 달리 "일생(살아 있는 동안)"이라는 뜻이 아닌 "평소"라는 뜻을 가진 단어입니다.

- 学校(がっこう)では、平生やさしい先生(せんせい)ほど、怒(おこ)ると怖(こわ)いものです。
  학교에서는, 평소에 상냥한 선생님일수록, 화내면 무서운 법입니다.

일본어에는 "평소(平素)"와 같은 단어가 많아 "平生、普段(ふだん)、日(ひ)ごろ" 등이 있는데, 특이하게도 이 단어들은 모두 조사 "に"를 취하지 않으며, 그냥 사용하거나 조사 "から"를 붙여 사용합니다.

- 平生から無口(むぐち)なKは、いつもよりなお黙(だま)っていました。
  평소에 말이 없는 K는, 여느 때보다 더 잠자코 있었습니다.

우리말 "평생"은 일본어로 "一生(いっしょう)", "生涯(しょうがい)"로 나타냅니다.

- 今(いま)まで育(そだ)てていただいたご恩(おん)、一生忘(わす)れません。
  지금까지 키워 주신 은혜, 평생 잊지 않겠습니다.

- 30代(だい)の10人(にん)に2人以上(いじょう)は生涯独身(どくしん)のまま過(す)ごす可能性(かのうせい)があります。
  30대의 10명에 2명 이상은 평생 독신인 채 지낼 가능성이 있습니다.

*다음 일본어 가운데 틀린 곳을 찾아 보세요!

すみませんが、10分(ぷん)ほどお時間(じかん)を割愛(かつあい)してくださいませんか。

해답은 다음페이지에

할애 VS 割愛

NO すみませんが、10分ほどお時間を割愛してくださいませんか。

⬇

YES すみませんが、10分ほどお時間を割いてくださいませんか。

미안합니다만, 10분쯤 시간을 할애해 주시지 않겠습니까?

 ☐ 割愛 생략　☐ 割く 나누다, 쪼개다

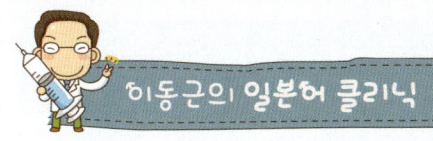

"할애"는 소중한 시간, 돈, 공간 따위를 아깝게 여기지 아니하고 선뜻 내어 주는 것을 의미합니다. 이에 반해 일본에서는 "시간이나 지면의 제한에 따라 아쉽지만 포기한다"라는 뜻으로 주로 사용되므로 주의를 요합니다.

- 今回は時間的余裕が無かったので、工場の見学は割愛した。
  이번에는 시간적 여유가 없었기 때문에, 공장의 견학은 생략했다.

- その事件の説明は、紙面が足りないため割愛された。
  그 사건의 설명은, 지면이 모자라기 때문에 생략되었다.

우리말 "할애"는 "割く" 혹은 "与える"로 나타낼 수 있습니다.

- 教授はその論文で数ページを割いてその問題を論じている。
  교수는 그 논문에서 수 페이지를 할애하여 그 문제를 논하고 있다.

- 発表会で我々に与えられた時間はたったの30分に過ぎなかった。
  발표회에서 우리에게 할애된(주어진) 시간은 고작 30분에 불과했다.

*다음 일본어 가운데 틀린 곳을 찾아 보세요!

急いでトイレに入ったら化粧紙がなくて困ったことがある。

해답은 다음페이지에

화장지 vs 化粧紙

NO 急いでトイレに入ったら化粧紙がなくて困ったことがある。

YES 急いでトイレに入ったらトイレットペーパーがなくて困ったことがある。

급히 화장실에 들어갔더니 화장지가 없어서 난처했던 적이 있다.

Words Check
- 急ぐ 서두르다
- トイレ 화장실
- 入る 들어가다
- トイレットペーパー 화장지
- 困る 곤란하다

우리말 "화장지"에는 "①화장할 때 쓰는 종이"와 "②휴지를 달리 이르는 말"의 2가지 뜻이 있는데 반하여 일본의 "化粧紙(けしょうがみ)"는 ①의 의미만을 가지는 말이며, 이 또한 옛날에 화장을 지울 때 사용하던 종이를 말합니다.

지금은 일반적으로 ①의 의미로 ティッシュ(ペーパー), ②의 의미로 トイレットペーパー 혹은 ちり紙(がみ)(휴지)를 사용합니다.

- 東南(とうなん)アジアではトイレットペーパーを使(つか)わずに水(みず)で洗(あら)う国(くに)が多(おお)いです。
  동남아시아에서는 화장지를 사용하지 않고 물로 씻는 나라가 많습니다.

- ヨーロッパでは鼻(はな)をかむ時(とき)に、ティッシュではなくハンカチを使(つか)います。
  유럽에서는 코를 풀 때에, 화장지가 아니라 손수건을 사용합니다.

トイレットペーパー

ティッシュペーパー

- 私(わたし)も新聞紙(しんぶんし)の上(うえ)にキッチンペーパーを敷(し)いて油(あぶら)を切(き)っています。(揚(あ)げ物(もの))
  나도 신문지 위에 키친 타올을 깔아 기름을 빼고 있습니다. (튀김)

"キッチンタオル"라 할 수도 있지만 이 단어는 베로 만든 것(즉 행주)을 뜻하는 경우가 많으며, 무엇보다 "キッチンペーパー"가 압도적으로 많이 사용됩니다.

- ウェットティッシュは外出先(がいしゅつさき)で手(て)を洗(あら)うことができない時(とき)に重宝(ちょうほう)されます。
  물티슈는 외출지에서 손을 씻을 수 없을 때에 요긴하게 사용됩니다.

참고

생활 연관 단어 및 일본과의 미묘한 표현 차이가 있는 단어를 몇 개 더 소개하면

수건(手ぬぐい、タオル) 　손수건(ハンカチ)
물수건(おしぼり)　　　　물티슈(ウェットティッシュ),
곽티슈(ボックスティッシュ)　일회용티슈(ポケットティッシュ)
키친타올(キッチンペーパー)　종이타올(ペーパータオル)
걸레(雑巾、ぞうきん)　　　대걸레(モップ)
행주(布巾、ふきん)　　　　냅킨(ナプキン、紙ナプキン)

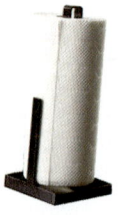

キッチンペーパー

ウェットティッシュ

ペーパータオル

おしぼり

ぞうきん

モップ

자가진단

※ 다음 일본어 가운데 틀린 곳을 찾아 보세요!

この前の土曜日、送別会という名目で会社
　まえ　どようび　　そうべつかい　　　　　めいもく　かいしゃ
の会食がありました。
　かいしょく

해답은 다음페이지에

제1장 같은 단어 다른 뜻

회식 VS 会食

NO この前の土曜日、送別会という名目で会社の会食がありました。

YES この前の土曜日、送別会という名目で会社の飲み会がありました。

지난 토요일, 송별회라는 명목으로 회사의 회식이 있었습니다.

 □ 送別会 송별회　□ 名目 명목　□ 飲み会 회식

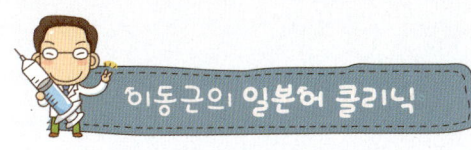

"회식(会食)"은 국어사전에는 "여러 사람이 모여 함께 음식을 먹음. 또는 그런 모임."으로 나와 있으며, 일본 국어사전에는 "人が集まって一緒に食事をすること"라고 풀이되어 있으므로 사전적으로는 같은 말이라고 할 수 있습니다.

그러나 우리나라에서는 주로 회사(의 부서)나 소속단체에서 저녁의 "술자리"를 지칭하는 일이 많고, 일본에서는 사전적인 의미로 사용되므로 엄밀한 의미에서 같다고는 할 수 없습니다.

- K会長とは面識はあるが、一度も会食をしたことはない。
  K회장과는 면식은 있지만, 한번도 만나서 식사를 한 적은 없다.

- 友人たちと会食すると、ついおいしいものを食べ過ぎることがある。
  친구들과 함께 식사를 하면, 그만 맛있는 음식을 너무 많이 먹는 수가 있다.

일본어 "会食"은 위의 예문과 같이 "함께 식사를 하는 것"을 말하며, 직장동료 뿐만 아니라 친구, 가족의 경우에도 사용하며, 두 사람이나 세 사람의 경우에도 사용합니다. 물론 술을 곁들이는 경우도 있습니다.

우리나라에서 사용하는 "회식"은 일본어의 경우 대체로 "飲み会(술 모임)"로 표현하는 것이 무난합니다.

- 夫の会社では、月に1度は必ず所属部署で飲み会があります。
  남편 회사에서는 한 달에 한번은 반드시 소속부서에서 회식이 있습니다.

- 私もお酒は飲めないし、正直課の飲み会などあまり好きではない。
  나도 술은 못 마시고 하여, 솔직히 과 회식 같은 거 별로 좋아하지 않는다.

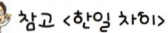 참고 <한일 차이>

우리나라의 회사 등 직장 "회식"의 경우, 보통 전액 회사부담인 경우가 많습니다.
회사 돈으로 먹고 마실 수 있으므로 한국의 회식은 대체로 "환영무드"라고 할 수 있습니다. 그러나 일본의 경우 "飲み会"는 회사가 부담하는 예는 많지 않으며, 직위에 따라 다소 차이가 있지만 각자 회비(대체로 3000엔 전후)를 냅니다.

따라서 술을 잘 마시지 못하거나 직위가 낮은 경우 자기 돈까지 내어가며 업무시간 외에 상사의 잔소리를 들어야 하니 "마지못해 참석"하는 경우가 많습니다.

회사가 부담하지 않는 이유는 우리나라와 달리 일본에서는 "회식비(飲み会代)"가 우리나라처럼 세무상의 경비처리로 폭넓게 인정 받지 못하기 때문인 듯합니다. 다만 영업을 위해 사용한 "会食代(함께 식사한 비용)"는 한 사람당 5000엔까지 세무상 "交際費"로서 경비처리가 됩니다.

● 営業マンが２対２で会食した領収証を持ってきました。金額は18,000円ですが、これは何費になりますか？
　　영업사원이 2대 2로 회식(식사접대)한 영수증을 가지고 왔습니다. 금액은 18,000엔입니다만 이것은 (회계상)무슨 비용이 됩니까？

飲(の)み会(かい)

자가진단

※ 다음 일본어 가운데 틀린 곳을 찾아 보세요!

ソウルへ行(い)く途中(とちゅう)、錦江休憩所(クムカンきゅうけいじょ)へ寄(よ)って昼食(ちゅうしょく)を取(と)った。

해답은 다음페이지에

제1장 같은 단어 다른 뜻

휴게소 vs 休憩所

NO ソウルへ行く途中、錦江休憩所へ寄って昼食を取った。

YES ソウルへ行く途中、錦江サービスエリアへ寄って昼食を取った(＝食べた)。

서울에 가는 도중 금강휴게소에 들러 점심을 먹었다.

Words Check
- 途中 도중
- サービスアリア 휴게소
- 寄る 들르다
- 昼食 점심
- 取る(＝食べる) 먹다

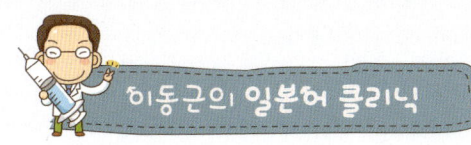

의미는 통하겠지만 일반적인 표현은 아닙니다. "휴게소"는 말 그대로 "쉴 수 있도록 마련되어 있는 장소"를 말하며, 일본어로도 "休憩所"라고 합니다.

다만 일본어 休憩所는 주로 온천 등의 시설에서 휴식을 취할 수 있는 장소를 말하며, 방을 의미하는 休憩室과 비슷한 개념으로 주로 쓰이는 말입니다.

- 1階には休憩所や食堂があり、浴室は男女とも２階にあります。
  1층에는 휴식장소와 식당이 있으며, 욕실은 남녀 모두 2층에 있습니다.

우리나라의 "휴게소"는 대체로 (고속)도로에 설치된 것을 말하는데, 일본에서는 고속도로 및 자동차전용도로에 설치된 것을 サービスエリア 혹은 パーキングエリア라고 하며, 영어 약자인 "SA"나 "PA"로 나타내는 경우가 많습니다.

이 둘의 차이는 일반적으로 SA(サービスエリア)는 화장실, 매점, 식당, 주유소, 안내소, 휴식장소(休憩所) 등을 갖춘 큰 규모를 말하며, PA(パーキングエリア)는 화장실과 매점만을 갖춘 작은 규모를 말합니다.

富士川サービスエリア

龍野西サービスエリア

일본의 고속도로휴게소는 우리나라와 달리 화장실과 매점 하나만 있는 아주 작은 곳도 많으며, 사진에서 보듯 휴게소 이름만 한자와 영문 발음으로 표기하고 있거나, 휴게소임을 나타내는 영문(SA, PA)를 한자이름 뒤에 표시하는 곳도 있습니다.

- 最近の高速道路のサービスエリアは、どこもトイレがきれいで広い。
  최근의 고속도로의 휴게소는, 어디나 화장실이 깨끗하고 넓다.

제1장 같은 단어 다른 뜻

● この前、名古屋に遊びに行った際浜名湖ＳＡに寄ってうなぎパイを買った。
　얼마 전, 나고야에 놀러 갔을 때 하마나꼬 휴게소에 들러 우나기파이를 샀다.

그리고 국도 및 시골의 일반도로에 화장실과 휴식을 위해 설치된 시설물을 "道の駅"라고 하여, 그 지역의 농산물과 특산물을 직매하는 매장을 갖춘 경우가 많습니다.

● 田舎に行くと、道の駅に寄って必ず新鮮な野菜を買います。
　시골에 가면 미치노에끼(휴게소)에 들러 반드시 신선한 채소를 삽니다.

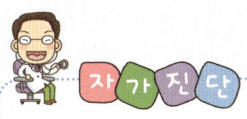

※ 다음 일본어 가운데 틀린 곳을 찾아 보세요!

列車(れっしゃ)の発車時刻(はっしゃじこく)１５分前(まえ)になると、改票(かいひょう)が始(はじ)まります。

해답은 188페이지에

연습문제

❖ 다음 밑줄 친 단어에 알맞은 일본어를 고르시오.

1 <u>간호사</u>라고 하는 직업은, 아무래도 휴일이 불규칙해지기 십상입니다.
   → (　　)という職業は、どうしても休日が不規則になりがちです。
   ① 看護婦　　② 看護師　　③ 看護員　　④ 看護士

2 서울역 근처의 어느 화랑에서 그의 <u>개인전</u>이 열리고 있습니다.
   → ソウル駅近くのある画廊で彼の(　　)が開かれています。
   ① 個人戦　　② 個戦　　③ 個人展　　④ 個展

❖ 다음 (　　) 속에 들어갈 일본어로 적합한 단어를 하나 고른다면?

3 2011년, 일본에서는 스마트 폰 ○○이 거세게 불었습니다.
   → 2011年、日本ではスマートフォン(　　)が吹き荒れました。
   ① 烈風　　② 熱風　　③ 旋風　　④ 突風

❖ 다음 괄호 속에 일본어로서 적당하지 못한 단어는 어느 것인가?

4 40대 이상의 경우는 최소한 1년에 한 번은 (　　)검진을 받는 것이 좋다.
   → 40代以上の場合は最低年に一度は(　　)検診を受けた方が良い。
   ① がん　　② 結核　　③ 眼科　　④ 健康

❖ 다음은 위의 한국어를 일본어로 고친 문장이다. 밑줄 부분의 뜻으로 (　　) 속에 들어갈 일본어로 적당치 못한 단어는 어느 것인가?

5 식사를 끝낸 우리는, <u>계산</u>을 마치고 레스토랑을 나왔다.
   → 食事を終えた私たちは、(　　)を済ませてレストランを出た。
   ① 計算　　② 会計　　③ 勘定　　④ 支払い

제1장 같은 단어 다른 뜻

6   3개월간 유럽을, 큰 <u>배낭</u>을 메고 혼자 여행했다.
→ ３ヶ月間ヨーロッパを、大きな(　　)を背負って一人で旅した。

① リュック　　② リュックサック　　③ バックパック　　④ 背嚢

7   도로의 교차로나 횡단보도 등에는, <u>신호등</u>이 설치되어 있다.
→ 道路の交差点や横断歩道などには、(　　)が設置されている。

① 信号機　　　② 信号　　　③ 信号灯

❖ 다음 8~14번 예문 속에서 일본어로서 부적절한 표현이 있다면 찾아서 바르게 고치시오.

8   平均約３対１。最も競争率が高い学科は約10対１だった。
(　　　)

9   彼女はニューヨークのコロンビア大学校を出た才媛だ。
(　　　)

10 その老人は小学校の前で文房具を経営していた。
(　　　)

11 成形手術で美人、美男になった人をどう思いますか？
(　　　)

12 17歳になったエリザベスは修女になることを決心した。
(　　　)

13 わが国ではあまりおいしい日食を食べたことがありません。
(　　　)

14 自家用を持っているが、週に１日程度しか運転していない。
(　　　)

Chapter 2

일본에는 없는 단어

 **Dr.Lee's Japanese Clinic**

제 2장에서는 일본에 없거나 없는 것이나 다름없는 단어를 중심으로 설명하고자 합니다. 예를 들면 다음과 같습니다.

일본에 "수녀님"과 "여스님"이 없지 않을텐데, "**修女**"와 "**女僧**"이 없는 이유는 무엇일까요? (p100과 p258를 보세요!)

경차

NO 京都は狭い道が多いので、軽車がとても便利です。

YES 京都は狭い道が多いので、軽自動車がとても便利です。

교토는 좁은 길이 많기 때문에 경차가 무척 편리합니다.

Words Check
- 京都 교토
- 狭い 좁다
- 道 길
- 軽自動車 경자동차
- 便利 편리

이동근의 일본어 클리닉

무게가 가볍고 크기가 작은 차를 "경차(輕車)"라고 합니다. 우리나라에서는 "엔진 배기량이 1000cc 이하인 승용차"를 말하며, 따라서 "경승용차"라고도 합니다. 일본에서는 이와 같이 작은 차량을 "軽自動車(けいじどうしゃ)"라고 하며, 차종에 따라 軽乗用車(けいじょうようしゃ), 軽貨物車(けいかもつしゃ)(軽(けい)トラック) 등으로 나눕니다.

● 軽自動車はなんと言(い)っても維持費(いじひ)が安(やす)いので、最高(さいこう)です。
　　경차는 뭐니뭐니해도 유지비가 싸기 때문에 최고입니다.

높이 2.00m 이하
폭 1.48m 이하
길이 3.40m 이하

 참고 <한일 차이>

일본의 도로운송차량법 시행규칙으로 정해져 있는 현재의 軽自動車 규격은
① 길이 3,400mm(3.40m) 이하　② 너비 1,480mm(1.48m) 이하
③ 높이 2,000mm(2.00m) 이하　④ 배기량 660cc 이하
이며, 이 중 하나라도 조건을 만족시키지 못하면 軽自動車로 간주하지 않는다.
사실 우리나라에서 말하는 경차(輕車)와 일본의 "軽自動車"는 그 기준이 각각 다르기 때문에 엄밀한 의미에서는 같은 말이라고 할 수가 없다. 참고로
한국은　① 3.5m 이하　② 1.5m 이하　③ 2m 이하　④ 1000cc 이하 이다.

※ 다음 일본어 가운데 틀린 곳을 찾아 보세요!

　　その人(ひと)に初(はじ)めて会(あ)ったのは、まだ僕(ぼく)が高等(こうとう)
　　学生(がくせい)の時(とき)だった。

해답은 다음페이지에

고등학생

NO その人に初めて会ったのは、まだ僕が高等学生の時だった。

YES その人に初めて会ったのは、まだ僕が高校生の時だった。

그 사람을 처음 만난 것은 아직 내가 고등학생 때였다.

 □ 僕 나　□ 高校生 고등학생

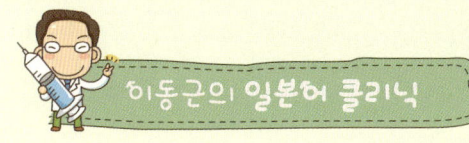

고등학교는 일본에서도 "高等学校(こうとうがっこう)"라 하는데 다소 문장어이며, 일상에서는 이를 줄인 "高校(こうこう)"가 많이 쓰입니다.

- 高等学校(こうとうがっこう)を卒業(そつぎょう)していないのですが、大学(だいがく)に入学(にゅうがく)することは可能(かのう)でしょうか。
  고등학교를 졸업하지 않았습니다만, 대학교에 입학하는 것은 가능하겠습니까?

 →

- 今(いま)高(こう)1で、音楽(おんがく)のプログラムのあるアメリカの高校(こうこう)に通(かよ)っています。
  지금 고1이며, 음악 프로그램이 있는 미국의 고등학교에 다니고 있습니다.

고등학교에 다니는 학생을 "고등학생"이라고 하는데, 일본어에는 이 단어가 없습니다. "高校生(こうこうせい)"이라고 합니다.

- 高校生(こうこうせい)から、主婦(しゅふ)、社会人(しゃかいじん)など、だれでも参加(さんか)できます。
  고등학생부터, 주부, 사회인 등, 누구든지 참가할 수 있습니다.

※ 다음 일본어 가운데 틀린 곳을 찾아 보세요!

サッカー専用競技場(せんようきょうぎじょう)は、グラウンドと観衆席(かんしゅうせき)の距離(きょり)が近(ちか)くていい。

해답은 다음페이지에

관중석

NO サッカー専用競技場は、グラウンドと観衆席の距離が近くていい。

YES サッカー専用競技場は、グラウンドと観客席の距離が近くていい。

축구 전용 경기장은 그라운드와 관중석의 거리가 가까워서 좋다.

Words Check
- □ サッカー 축구
- □ 専用 전용
- □ 競技場 경기장
- □ グラウンド 그라운드
- □ 観客席 관객석
- □ 近い 가깝다

 이동근의 일본어 클리닉

관중(観衆), 관객(観客), 관람(観覧) 이 세 단어는 한국과 일본에서 거의 비슷하게 사용되고 있습니다.

- このスタジアムは５万人の観衆を収容できる。
  이 스타디움은 5만 명의 관중을 수용할 수 있다.

- 観客は、ほとんどが若い女性でした。
  관객은 거의가 젊은 여성이었습니다.

- 水族館に行き、楽しみにしていたイルカショーを観覧しました。
  수족관에 가서 고대하던 돌고래 쇼를 관람했습니다.

우리나라의 경우, 이 단어들에 "석(席)"을 붙인 "관중석, 관객석, 관람석"이 있지만, 일본어의 경우 "観客席, 観覧席"만이 있습니다.

- この日も約４万5000人におよぶファンが観客席を埋め尽くした。
  이 날도 약 4만 5천명에 이르는 팬이 관중석(관객석)을 가득 메웠다.

- 保護者の競技観戦は、２階観覧席でお願いします。
  보호자의 경기관전은 2층 관중석(관람석)에서 해 주십시오.

  자가진단

※ 다음 일본어 가운데 틀린 곳을 찾아 보세요!

① アメリカの学校には韓国のような教務室がありません。
② 先週開かれた教務会議で新しい校則が決定された。

해답은 다음페이지에

제2장 일본에는 없는 단어

교무실

NO
① アメリカの学校には韓国のような教務室がありません。
② 先週開かれた教務会議で新しい校則が決定された。

⬇

YES
① アメリカの学校には韓国のような職員室がありません。
② 先週開かれた職員会議で新しい校則が決定された。

미국 학교에는 한국과 같은 교무실이 없습니다.
지난 주에 열린 교무회의에서 새로운 교칙이 결정되었다.

Words Check
- ☐ 職員室 교무실 ☐ 職員会議 교무회의 ☐ 新しい 새롭다
- ☐ 校則 교칙 ☐ 決定 결정

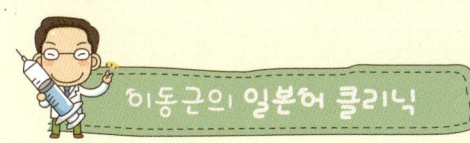

선생님들이 수업에 관련된 일을 하는 곳을 "교무실"이라 하며, 학교 업무에 관련된 선생님들의 전체회의를 "교무회의"라고 합니다.

학생들의 수업이 이루어지는 곳이 "교실(教室)"이며, 수업에 관련된 사무를 나타내는 단어인 "교무(教務)"가 일본어에도 있다 보니 위의 표현도 그냥 직역으로 "教務室", "教務会議"라고 말하는 사람이 정말 많습니다.
(참고, 일본어 "教務室"은 우리나라의 "교무과" 정도의 개념으로 사용됩니다.)

● 試験の１週間前から生徒は職員室に入ることができません。
　　시험 일주일 전부터 학생은 교무실에 들어갈 수 없습니다.

● 校長の職務の円滑な執行を補助するために、職員会議を置く。
　　교장 직무의 원활한 집행을 보조하기 위하여 교무회의를 둔다.

다만, 학교가 아닌 경우에는 "직원실", "직원회의"라고 해석할 수도 있습니다.

※ 다음 일본어 가운데 틀린 곳을 찾아 보세요!

中３の息子は、校服のない高校に行きたいと言います。

해답은 다음페이지에

교복

NO 中3の息子は、校服のない高校に行きたいと言います。

⬇

YES 中3の息子は、制服のない高校に行きたいと言います。

중 3인 아들은 교복이 없는 고등학교에 가고 싶다고 합니다.

Words Check ☐ 息子 아들 ☐ 制服 교복 ☐ 高校 고등학교

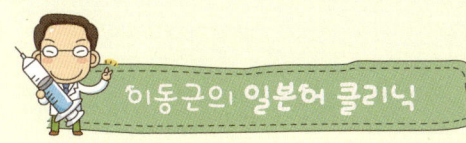

일본어 校服(こうふく)도 사전에는 나와 있지만 우리말 교복과는 달리 일상에서 거의 사용되지 않는 말입니다. 일본에서는 학생들이 입는 옷을 "制服(せいふく)"이라고 합니다.

- 空港(くうこう)や主(おも)な駅(えき)には制服(せいふく)を着(き)た警察官(けいさつかん)が何人(なんにん)も立(た)っています。
  공항이나 주요 역에는 제복을 입은 경찰관이 몇 명이나 서 있습니다.

- 韓国(かんこく)ではほとんどの学校(がっこう)が制服(せいふく)を着用(ちゃくよう)しています。
  한국에서는 거의 모든 학교가 교복을 착용하고 있습니다.

制服(이 때의 해석은 「제복」)

制服(이 때의 해석은 「교복」)

※ 재미있는 사실은 "교복"의 국어사전 풀이가 "학교에서 학생들이 입도록 정한 제복"이라는 것입니다.

※ 다음 일본어 가운데 틀린 곳을 찾아 보세요!

今日(きょう)は区庁(くちょう)に用事(ようじ)があったので、少(すこ)し早(はや)く会社(かいしゃ)を出(で)ました。

해답은 다음페이지에

구청

NO 今日は~~区庁~~に用事があったので、少し早く会社を出ました。

YES 今日は区役所に用事があったので、少し早く会社を出ました。

오늘은 구청에 볼일이 있어서, 조금 일찍 회사를 나왔습니다.

□ 今日 오늘　□ 区役所 구청　□ 用事 용무

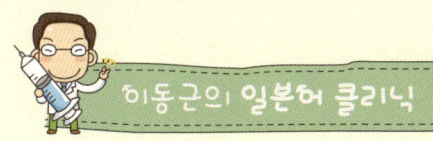

공무원이 일을 하는 곳을 "관청"이라 하며, "관공서"라고도 합니다. 모두 직역으로 사용하면 되는 단어입니다. 일본에서는 특히 "시나 구의 행정을 맡아보는 관청"을 "役所(やくしょ)"라고 부르는데, 市役所(시청)과 区役所(구청)에 사용되고 있습니다. 우리나라의 도청에 해당하는 "현청"은 "県庁(けんちょう)"라고 합니다.

- 今(いま)は区役所(くやくしょ)に行(い)かなくても、いろいろな証明書(しょうめいしょ)を取(と)ることができます。
  지금은 구청에 가지 않아도 여러 가지 증명서를 뗄 수가 있습니다.

시청(p106)과는 달리 일본어에는 区庁이란 단어가 없습니다. 그러나 이 사실을 모르고 대화 중에 "구청 (區廳)"을 직역하여 "くちょう"라고 했을 때

- くちょうに用事(ようじ)があって訪問(ほうもん)した時(とき)にこの駐車場(ちゅうしゃじょう)を利用(りよう)しました。
  구청장에게 볼일이 있어 방문했을 때 이 주차장을 이용했습니다.

"구청에"가 아닌 "구청장에게"가 됩니다. 즉, 우리나라의 "구청장(區廳長)"을 일본에서는 "区長(くちょう)"라고 합니다. 이렇듯 정확한 일본어가 아니거나, 일본에서 일반적으로 쓰이지 않는 단어로 말을 했을 때, 말하고자 하는 의미가 제대로 전달되지 않거나 잘못 전달 되는 수가 있으니 조심하기 바랍니다.

참고로 시청, 구청과 함께 꼭 알아두어야 할 곳은 "읍, 면, 동 사무소". 우리나라는 "주민 센터"로 바뀌었지만, 일본에서는 예나 지금이나 "役場(やくば)"라고 합니다.

* 다음 일본어 가운데 틀린 곳을 찾아 보세요!

5歳(さい)からサッカーを始(はじ)め、国家代表(こっかだいひょう)になるのが夢(ゆめ)でした。

해답은 다음페이지에

국가대표

NO 5歳からサッカーを始め、国家代表になるのが夢でした。

YES 5歳からサッカーを始め、韓国(日本 등)代表になるのが夢でした。

다섯 살부터 축구를 시작하여, 국가대표가 되는 것이 꿈이었습니다.

□ 国家 국가   □ 代表 대표   □ 夢 꿈

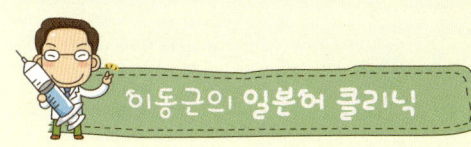

"국가대표"란 말 그대로 한 나라를 대표하는 사람으로 주로 "스포츠"에서 사용되는 말입니다. 사전에는 나와 있지 않지만 일상적으로 정말 많이 사용되는 단어입니다.

그런데 일본에는 "国家代表(こっかだいひょう)"란 단어가 일상에서 사용되지 않습니다. 인터넷 사이트 "Yahoo Japan"에 들어가서 이 단어를 검색해 보면, 거의 100% 우리나라 영화 "국가대표"에 대한 내용이거나, 우리나라의 일본어 사이트입니다.

- 少年の将来の夢は「日本代表になってW杯で優勝する」ことだという。
  소년의 장래 꿈은 "국가대표가 되어 월드컵에서 우승하는" 것이라고 한다.

소년의 국적에 따라 "日本" 대신에 "韓国、アメリカ" 등으로 표현할 수 있으며, 월드컵(ワールドカップ)을 일본에서는 "W杯"로 생략하여 사용하는 일이 많으므로 꼭 알아두기 바랍니다.

- 強いだけではなく、韓国代表に相応しい選手に育ってほしい。
  강할 뿐만 아니라, 국가대표에 어울리는 선수로 자라주길 바란다.

- 「2010ミス・ユニバース」の日本代表選考会が3日都内で開かれた。
  "2010 미스 유니버스" 일본대표 선발대회가 3일 도내(=도쿄)에서 열렸다.

＊다음 일본어 가운데 틀린 곳을 찾아 보세요!

お酒を飲んだ時は必ず代理運転、またはタクシーを利用しましょう。

해답은 다음페이지에

대리운전

NO お酒を飲んだ時は必ず代理運転、またはタクシーを利用しましょう。

YES お酒を飲んだ時は必ず運転代行、またはタクシーを利用しましょう。

술은 마셨을 때는 반드시 대리운전, 또는 택시를 이용합시다.

Words Check
- □ 運転 운전
- □ 代行 대행
- □ タクシー 택시
- □ 利用 이용

 이동근의 일본어 클리닉

음주 등의 이유로 자동차를 운전할 수 없게 된 사람 대신에 운전하여, 자동차를 목적지(주로 의뢰자의 자택)로 데려다 주는 서비스를 "대리운전"이라고 하는데, 일본에서는 이를 "運転代行(혹은 代行運転)"이라고 합니다.

● 車で出勤して、飲むことになったら、帰りは運転代行を呼ぶ。
　　차로 출근했다가, 한 잔 하게 되면, 집에 갈 때는 대리운전을 부른다.

우리나라에서는 "대리운전"을 줄여서 "대리"라고 말하기도 하는데, 일본에서도 "運転代行"을 줄여서 "代行"이라고도 합니다.

🧑‍⚕️ 참고

우리나라와 달리 일본에서는 2인 1조로 움직이며, "代行随伴自動車"라고 하여 왼쪽과 같은 차가 함께 움직이는데, 이는 돌아올 때 대리운전자의 교통 편을 제공하기 위함이다.
차문에는 "공안위원회 인정번호, 업자명, 수반용 자동차라는 글자"의 3가지 사항에 대한 표시가 의무화되어 있다.

 자가진단

※ 다음 일본어 가운데 틀린 곳을 찾아 보세요!

駐車場が狭いので、できるだけ大衆交通をご利用ください。

해답은 다음페이지에

제2장 일본에는 없는 단어　205

대중교통

NO 駐車場が狭いので、できるだけ大衆交通をご利用ください。

YES 駐車場が狭いので、できるだけ公共交通をご利用ください。

주차장이 좁으므로, 되도록 대중교통을 이용해 주십시오.

Words Check
- 駐車場 주차장
- 狭い 좁다
- 大衆 대중
- 公共 공공
- 交通 교통
- 利用 이용

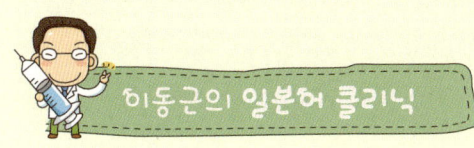

"대중(大衆)"은 사회의 대부분을 차지하는 "일반 사람들"을 나타내는 말입니다.

● 私は恥ずかしくて大衆の前で歌うことが出来ない。
나는 부끄러워서 대중 앞에서 노래하지 못한다.

● ラーメンは日本で最も大衆的な食べ物の一つです。
라면은 일본에서 가장 대중적인 음식 중 하나입니다.

국가나 사회의 구성원에게 두루 관계됨을 뜻하는 "공공(公共)"도 대체로 한국과 일본에서 같은 의미로 사용됩니다.

● 私たちは常に公共の利益を考えなければならない。
우리는 항상 공공의 이익을 생각해야만 한다.

"대중교통"이란 버스, 지하철과 같이 "여러 사람이 이용하는 교통"을 이르는 말인데, 일본에서는 이를 "公共交通"이라고 합니다.

● 公共交通機関が発達していない地方では、車がないと生活できない。
대중교통기관이 발달하지 않은 지방에서는 차가 없으면 생활이 안 된다.

※ 다음 일본어 가운데 틀린 곳을 찾아 보세요!

家にお風呂がないこの国では昔から大衆湯が発達しています。

해답은 다음페이지에

대중탕과 대중가요

NO 家（いえ）にお風呂（ふろ）がないこの国（くに）では昔（むかし）から大衆湯（たいしゅうとう）が発達（はったつ）しています。

⬇

YES 家（いえ）にお風呂（ふろ）がないこの国（くに）では昔（むかし）から公衆浴場（こうしゅうよくじょう） (or 銭湯（せんとう))が発達（はったつ）しています。

집에 목욕탕이 없는 이 나라에서는 예로부터 대중탕이 발달했습니다.

Words Check
- 家庭（かてい） 가정
- 風呂（ふろ） 욕실, 목욕탕
- 昔（むかし） 옛날
- 公衆（こうしゅう） 공중
- 浴場（よくじょう） 목욕탕
- 銭湯（せんとう） 목욕탕, 대중탕

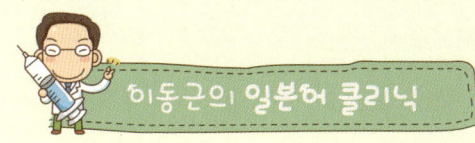

"대중(목욕)탕"이란 일반 사람들이 요금을 내고 목욕을 할 수 있는 설비를 갖춘 곳을 말하는데, 일본에서는 이를 "公衆浴場 혹은 銭湯"라고 합니다.

- 古代ローマ時代は、公衆浴場も発達しており、衛生的だった。
  고대 로마 시대는 대중목욕탕도 발달하였으며, 위생적이었다.

- 子供のころは、風呂無しの家に住んでいたので銭湯に通っていた。
  아이 적엔, 목욕탕이 없는 집에 살았기 때문에 대중탕에 다녔었다.

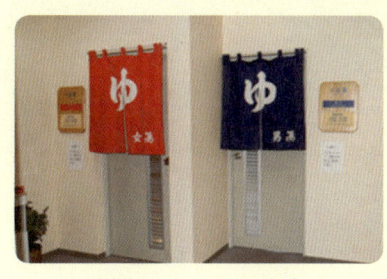

女湯　　男湯

또한 "대중가요"도 그 직역보다는 일반적으로 "歌謡曲"이라고 부릅니다.

- 私も20代ですが70年代の歌謡曲が大好きで、この番組をずっと見てました。
  저도 20대입니다만 70년대의 (대중)가요를 아주 좋아하여, 이 프로를 쭉 보고 있었습니다.

*다음 일본어 가운데 틀린 곳을 찾아 보세요!

タクシー運転手が強盗に突変し、被害に遭った旅行者もいます。

해답은 다음페이지에

돌변

NO タクシー運転手が強盗に突変し、被害に遭った旅行者もいます。

YES タクシー運転手が強盗に豹変し、被害に遭った旅行者もいます。

택시기사가 강도로 돌변하여, 피해를 당한 여행자도 있습니다.

Words Check
- □ 運転手 운전수　□ 強盗 강도　□ 豹変 돌변　□ 被害 피해
- □ 遭う 당하다, 겪다　□ 旅行者 여행자

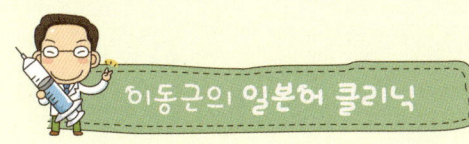

(태도 등이) 갑자기 달라지는 것을 "돌변(突變)"이라고 하는데, 일본어에는 이 한자어가 없습니다. 번역기 등에서는 뜻을 풀어서 "打って変わる=がらりと変わる"로 표현하고 있는데, "갑자기 변하다, 확 바뀌다"의 의미이기 때문일 것입니다.

그러나 일본에서는 이 경우 같은 뜻의 한자어 "豹変"이 사용되고 있는데, 주로 다음의 형태로 사용됩니다.

- 新宿から乗せた客が、ナイフを取り出して、タクシー強盗に豹変した。
  신주쿠에서 태운 손님이, 칼을 꺼내어, 택시 강도로 돌변했다.

- 子供を産んでから妻の態度が豹変してしまった。
  아이를 낳고 나서 처의 태도가 돌변해 버렸다.

- 相手によって、態度を豹変させる人は、信用できません。
  상대에 따라서 태도를 돌변하는 사람은, 신용을 할 수 없습니다.

 참고

상황에 따라서는 "がらりと変わる(확 바뀌다), 180度変わる(180도 바뀌다)" 등 얼마든지 표현할 수 있다. 다만, 필자의 의도는 의미가 가장 가깝고 쉽게 사용할 수 있는 단어(즉, 같은 명사)를 제시하고자 하는 것이다.

 자가진단

* 다음 일본어 가운데 틀린 곳을 찾아 보세요!

企業がマーケティングに動映像を活用する事例が増えている。

해답은 다음페이지에

동영상

NO 企業がマーケティングに動映像を活用する事例が増えている。

YES 企業がマーケティングに動画を活用する事例が増えている。

기업이 마케팅에 동영상을 활용하는 사례가 늘고 있다.

Words Check
- 企業 기업
- マーケティング 마케팅
- 動画 동영상
- 活用 활용
- 事例 사례
- 増える 늘다

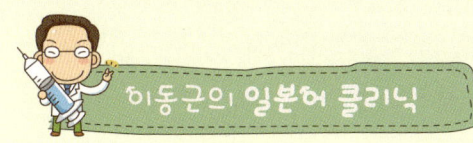 허동근의 일본어 클리닉

동영상이란 말은 최근에 생긴 단어입니다. 매일같이 접하는 이 단어의 사전적인 풀이를 보니 "컴퓨터 모니터의 화상이 텔레비전의 화상처럼 움직이는 것"이라고 나옵니다. 영상(映像)이란 말이 아닌 화상(画像)이란 말로 풀이가 된 것이 의아스럽습니다.

● 警察は現場付近の監視カメラの映像を分析して捜査している。
경찰은 현장 부근의 감시 카메라의 영상을 분석하여 수사하고 있다.

● ケーブルテレビに加入するとアンテナ不要で鮮明な画像が楽しめる。
케이블 TV에 가입하면 안테나가 필요 없어 선명한 화상을 즐길 수 있다.

그런데 일본에서는 動映像이란 단어가 없으며, 이를 "動画"라고 합니다.

● ある私立高校であった(集団)いじめの動画がインターネット上に流出した。
어느 사립 고등학교에서 있었던 왕따의 동영상이 인터넷 상에 유출되었다.

참고로 "야한 동영상"을 일컫는 "야동"은 일본에서는 "アダルトビデオ(adult video, 일본식 영어)"이라 표현하며, 이를 줄인 "ＡＶ"도 많이 사용됩니다.

● 男ならだれでも一度はＡＶを見たことがあると思います。
남자라면 누구라도 한 번은 야동을 본 적이 있으리라 생각합니다.

 자가진단

※ 다음 일본어 가운데 틀린 곳을 찾아 보세요!

私たち体操部は、器械体操とリズム体操が一緒に練習しています。

해답은 다음페이지에

리듬체조

NO 私たち体操部（たいそうぶ）は、器械体操（きかいたいそう）とリズム体操が一緒（いっしょ）に練習（れんしゅう）しています。

YES 私たち体操部は、器械体操と新体操（しんたいそう）が一緒に練習しています。

우리들 체조부는, 기계체조와 리듬체조가 함께 연습하고 있습니다.

Words Check
- 体操部（たいそうぶ） 체조부
- 器械体操（きかいたいそう） 기계체조
- 新体操（しんたいそう） 리듬체조
- 一緒に（いっしょに） 함께
- 練習（れんしゅう） 연습

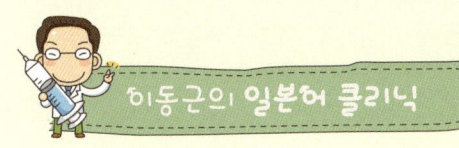

"율동(律動^{りつどう})"으로도 번역되는 이 리듬(rhythm)은 큰 의미 차이 없이 사용할 수 있는 말입니다.

- 先週末^{せんしゅうまつ}に風邪^{かぜ}を引^ひいてから、生活^{せいかつ}のリズムが狂^{くる}ってしまった。
  지난 주말에 감기가 들고 나서, 생활의 리듬이 깨져 버렸다.

- この時期^{じき}の子供^{こども}たちは、音楽^{おんがく}やリズムに合^あわせて体^{からだ}を動^{うご}かす事^{こと}が大好^{だいす}きです。
  이 시기의 아이들은, 음악이나 리듬에 맞춰 몸을 움직이는 것을 아주 좋아합니다.

다만, 우리나라에서 말하는 "리듬체조"는 일본에서 "新体操^{しんたいそう}"라고 합니다.

※ 다음 일본어 가운데 틀린 곳을 찾아 보세요!

警察^{けいさつ}は彼^{かれ}が麻薬^{まやく}を持^もっていないか体^{からだ}の捜索^{そうさく}をした[体を捜索した]。

해답은 다음페이지에

몸수색

NO 警察は彼が麻薬を持っていないか体の捜索をした[体を捜索した]。

YES 警察は彼が麻薬を持っていないか身体検査をした。

경찰은 그가 마약을 가지고 있지 않은지 몸수색을 했다.[몸을 수색했다.]

 □ 警察 경찰　□ 麻薬 마약　□ 捜索 수색　□ 身体 신체
□ 検査 검사

행방을 알 수 없는 사람을 찾거나, 범인 색출 등을 목적으로 강제로 조사하는 것을 "수색"이라고 합니다.

- 警察が彼の家を捜索したが、疑わしい物は発見されなかった。
  경찰이 그의 집을 수색했지만, 의심스러운 것은 발견되지 않았다.

또한 우리나라에서는 경찰 등이 증거물 등을 찾아내기 위하여 강제적으로 몸을 조사하는 행위를 말하며, "몸수색"으로 많이 사용되고 있는데, 일본에서는 이 경우, "身体検査(or ボディチェック)"라고 합니다.

- 彼は大阪市のある病院で入団のための身体検査を受けた。
  그는 오사카시의 한 병원에서 입단을 위한 신체검사를 받았다.

- 飛行機に乗る前に、乗客一人、一人の荷物検査と身体検査をする。
  비행기를 타기 전에 승객 한 사람 한 사람의 짐 검사와 몸수색을 한다.

- 僕が通っても音は鳴らなかったのだがなぜかボディチェックされた。
  내가 지나가도 소리는 울리지 않지만 왠지 몸수색 당했다.

※ 다음 일본어 가운데 틀린 곳을 찾아 보세요!

現在、世界の貿易で一番多く使用されているのが美国ドルである。

해답은 다음페이지에

미국

> **NO** 現在、世界の貿易で一番多く使用されているのが ~~美国~~ ドルである。

> **YES** 現在、世界の貿易で一番多く使用されているのが 米国(べいこく)ドルである。
>
> 현재, 세계의 무역에서 제일 많이 사용되고 있는 것이 미국 달러이다.

Words Check
- □ 現在(げんざい) 현재
- □ 世界(せかい) 세계
- □ 貿易(ぼうえき) 무역
- □ 使用(しよう) 사용
- □ 米国(べいこく) 미국
- □ ドル 달러

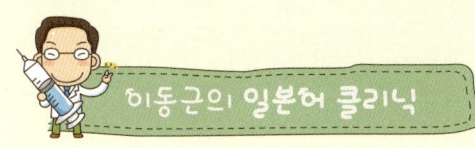

미국(美國)은 일본어에서는 "美国"이 아닌 "米国"이란 한자를 사용하고 있으며, "べいこく"라고 읽는다는 사실을 누구나 한번쯤은 접해 보았을 것입니다.

● 世界最大のとうもろこし生産国は米国で全体の約40％を占めます。
  세계최대의 옥수수 생산국은 미국으로 전체의 약 40%를 차지합니다.

미국의 약자는 우리나라에서는 "미(美)"가, 일본에서는 "米"가 됩니다. 이 약자는 특히 신문이나 방송에서 많이 사용되며, 구미(欧米), 남미(南米), 미군(米軍) 등 수 많은 한자어를 만들므로 꼭 알아 두어야 합니다.

アメリカ合衆国

다만, 일본에서는 우리나라와 달리 외래어로서 "アメリカ"의 사용빈도도 높습니다.

＊다음 일본어 가운데 틀린 곳을 찾아 보세요!

先頭を走っていたケニア選手たちはすでに
返還点を通過した。

해답은 다음페이지에

반환점

NO 先頭(せんとう)を走(はし)っていたケニア選手(せんしゅ)たちはすでに返還点(へんかんてん)を通過(つうか)した。

YES 先頭(せんとう)を走(はし)っていたケニア選手(せんしゅ)たちはすでに折(お)り返(かえ)し地点(ちてん)を通過(つうか)した。

선두를 달리던 케냐 선수들은 이미 반환점을 통과했다.

Words Check
- ☐ 先頭(せんとう) 선두
- ☐ 走(はし)る 달리다
- ☐ 選手(せんしゅ) 선수
- ☐ すでに 이미
- ☐ 返還(へんかん) 반환
- ☐ 折(お)り返(かえ)し地点(ちてん) 반환점

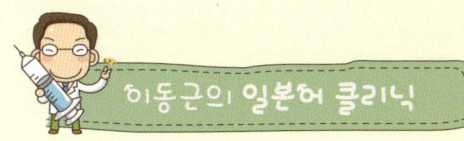

"반환"은 원래의 소유주에게 돌려 주는 것을 의미하는 말입니다.

- 1999年、マカオは、ポルトガルから中国へ返還された。
  1999년, 마카오는 포르투갈에서 중국으로 반환되었다.

- 前回優勝をした学校は優勝旗を返還しなければなりません。
  지난 번 우승을 한 학교는 우승기를 반환해야 합니다.

그런데, 우리말에는 "되돌아감"을 뜻하는 용법이 있는데, 육상 경기의 "반환점"이 그 것입니다. 일본어에는 이 용법이 없으므로 사용에 주의해야 합니다.

- 折り返し点を回った直後、予想どおり、彼は一気にスピードを上げた。
  반환점을 돈 직후, 예상대로 그는 단숨에 스피드를 올렸다.

折り返し点 혹은 折り返し地点이라고 하며,

"人生の折り返し地点"처럼 비유적으로 사용하는 경우도 많습니다.

※ 다음 일본어 가운데 틀린 곳을 찾아 보세요!

番号票を取ってしばらく待っていると私の順番が回ってきた。

해답은 다음페이지에

番号表

> **NO** 番号票(ばんごうひょう)を取(と)ってしばらく待(ま)っていると私(わたし)の順番(じゅんばん)が回(まわ)ってきた。

> **YES** 番号札(ばんごうふだ)を取(と)ってしばらく待(ま)っていると私(わたし)の順番(じゅんばん)が回(まわ)ってきた。
>
> 번호표를 뽑아 잠시 기다리고 있으니 내 차례가 돌아 왔다.

Words Check
- 番号札(ばんごうふだ) 번호표
- しばらく 잠시
- 順番(じゅんばん) 차례
- 回(まわ)ってくる 돌아오다

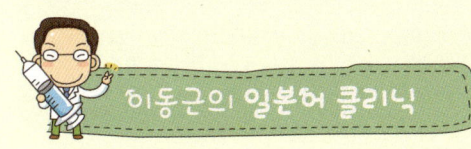

우리말 "표(票)"는 일본어 "票(ひょう)"에 비해 상당히 넓은 쓰임새를 가지고 있는 말입니다. 따라서 일본어로 고칠 때 주의를 해야 합니다.

일본어 票는 단독으로 사용할 때는 "선거"에서 말하는 "표"를 나타내며, 찬성표(賛成票), 부동표(浮動票)처럼 접미사로 많이 사용됩니다. 또한 수험표(受験票), 인식표(認識票)처럼 사용되는 경우도 있습니다.

우리가 잘 아는 切符는 승차권, 입장권 등 "돈을 지불한 증거가 되는 종이조각"을 말합니다.

일본어 "札(ふだ)"는 여러 가지 뜻(패, 팻말, 쪽지, 표 등)으로 해석할 수 있는 말인데, "목적으로 하는 내용 등을 간단히 적어, 사람에게 보이거나 건네는 종이조각이나 나무조각"이 가장 기본적으로 사용되는 의미입니다. 이름표(名札), 번호표(番号札) 등의 말이 있습니다.

- タバコを吸うためにトイレに行くと清掃中という札が立っていた。
  담배를 피우기 위해 화장실에 가니 청소 중이라는 팻말이 서 있었다.

- 食堂はセルフサービスなので番号札を持って呼ばれるのを待ちます。
  식당은 셀프서비스이므로 번호표를 가지고 부르는 것을 기다립니다.

* 다음 일본어 가운데 틀린 곳을 찾아 보세요!

韓国の大法院は、大法院長と13人の大法官で構成される。

해답은 다음페이지에

법원

NO 大法院は、大法院長と13人の大法官で構成される。

⬇

YES 最高裁判所(さいこうさいばんしょ)は、最高裁判所長官(さいこうさいばんしょちょうかん)と13人の最高裁判所判事(さいこうさいばんしょはんじ)で構成(こうせい)される。

대법원은 대법원장과 13명의 대법관으로 구성된다.

Words Check
- 最高裁判所(さいこうさいばんしょ) 대법원
- 最高裁判所長官(さいこうさいばんしょちょうかん) 대법원장
- 最高裁判所判事(さいこうさいばんしょはんじ) 대법관
- 構成(こうせい) 구성

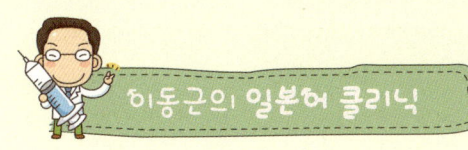

법률용어는 일본 강점기의 영향으로 거의 같은 용어를 사용하였지만, 그 중 특히 어렵거나 어감이 좋지 않은 용어는 우리 실정에 맞게 용어를 고쳤습니다.

위와 같이 직역한 말은 문장으로는 의미가 전달될 수도 있겠지만, 귀로 들었을 때는 전혀 의미가 전달되지 않습니다. 일본사람들이 알고 일상에서 흔히 사용하는 일본어로 고치지 않으면 안 될 것입니다.

 참고

법원 → 裁判所(さいばんしょ)
　　　가정(지방, 고등)법원은 家庭(かてい)(地方(ちほう), 高等(こうとう))裁判所(さいばんしょ)라 하며, 대법원은 最高裁判所(さいこうさいばんしょ)라고 한다.

법관(재판관) → 裁判官(さいばんかん)(法官(ほうかん)) 단, 양국 모두 두 단어가 있음.
대법관　　　→ 最高裁判所判事(さいこうさいばんしょはんじ)

각 법원장은　가정(지방)법원장　→ 家庭(地方)裁判所長(さいばんしょちょう)
　　　　　　고등법원장　　　　→ 高等裁判所長官(こうとうさいばんしょちょうかん)
　　　　　　대법원장　　　　　→ 最高裁判所長官(さいこうさいばんしょちょうかん)

● 高等裁判所(こうとうさいばんしょ)は東京(とうきょう)、大阪(おおさか)など８つの都市(とし)に置(お)かれています。
(일본)고등법원은 도쿄, 오사카 등 8개 도시에 설치되어 있습니다.

 자가진단

※ 다음 일본어 가운데 틀린 곳을 찾아 보세요!

大(おお)きな荷物(にもつ)はホテルに預(あず)けるか、保管(ほかん)ボックスに入(い)れておいて下(くだ)さい。

해답은 다음페이지에

보관함

NO 大きな荷物はホテルに預けるか、保管ボックス✕に入れておいて下さい。

YES 大きな荷物はホテルに預けるかコインロッカーに入れておいて下さい。

큰 짐은 호텔에 맡기거나 (물품)보관함에 넣어 두십시오.

Words Check
- 荷物 짐
- 預ける 맡기다
- 保管 보관
- ボックス 박스
- コインロッカー (물품)보관함
- 入れておく 넣어두다

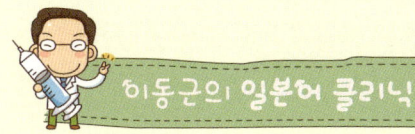

물건을 담는 용도의 네모난 것을 상자, 박스, 함(函) 등이라고 하죠. 이 상자는 일본어로 "箱(はこ)"라고 하는데, 函도 はこ로 읽습니다. 즉, "函=箱"라고 할 수 있습니다. 영어 box는 우리나라에서는 박스, 일본에서는 ボックス라고 읽습니다.

우리말에서 모금함, 사서함, 우편함, 투표함 등 함(函)이 붙어 많은 단어를 이루고 있는데 일본어의 경우 募金箱(ぼきんばこ), 私書箱(ししょばこ), 郵便箱(ゆうびんばこ), 投票箱(とうひょうばこ) 등과 같이 대부분 箱가 붙습니다. 물론 모두 네모나게 만들어져 있습니다.

대학이나 골프장 등 개인의 물건을 보관하는 캐비닛 같은 것을 "사물함" 혹은 "개인보관함"이라고 하는데, 일본에서는 영어를 그대로 써서 "ロッカー(locker)"라고 합니다. 특히, 주로 역 등에 설치되어 유료로 이용되는 "(물품)보관함"을 일본에서는 "コインロッカー"라고 합니다.

보관함(コインロッカー)

라커룸(ロッカールーム)

● リュックサックをコインロッカーに預けて、市内観光に出かけた。
배낭을 (물품)보관함에 맡기고, 시내관광에 나섰다.

※ 다음 일본어 가운데 틀린 곳을 찾아 보세요!

当時五歳(とうじごさい)の私は、両親(りょうしん)の離婚(りこん)が原因(げんいん)で保育(ほいく)園(えん)に預(あず)けられた。

해답은 다음페이지에

제2장 일본에는 없는 단어

보육원

NO 当時五歳の私は、両親の離婚が原因で保育園に預けられた。

YES 当時五歳の私は、両親の離婚が原因で児童養護施設に預けられた。

당시 다섯 살인 나는, 부모님의 이혼이 원인으로 보육원에 맡겨졌다.

Words Check
- 当時 당시
- 両親 부모
- 離婚 이혼
- 原因 원인
- 保育園 어린이집
- 児童養護施設 보육원

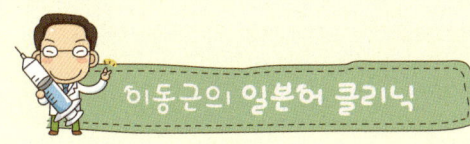

일본어 "保育園"과 우리나라의 "보육원"은 혼동을 일으키기 쉬운 말인데, 우리나라의 "보육원(保育院)"은 옛날의 고아원(孤児院)을 대신하여 사용하는 말입니다.
굳이 고아원과의 차이를 둔다면 보육원은 부모가 있어도 경제적인 사정 등 아이를 키울 수 없는 이유로 맡겨지는 경우를 포함한다는 점입니다.

일본에서는 우리보다 훨씬 빠른 1947년에 "孤児院"이란 명칭이 "養護施設"로 바뀌었으며, 이 또한 1997년 이후 "児童養護施設"란 이름으로 사용되고 있습니다.

● 彼は幼い頃に親が離婚して、２歳から18歳まで児童養護施設で育った。
그는 어릴 적에 부모가 이혼하여, 2세부터 18세까지 보육원에서 자랐다.

즉 아직도 그리 낯설지 않은 우리말 "고아원"과는 달리 일본어 "孤児院"은 오래 전의 신문이나 소설 등에서나 접할 수 있는 단어라는 사실을 명심하기 바랍니다.

또한 우리나라 보육원의 한자는 "保育院"인데, 글자가 비슷하다는 이유로 번역기 등에서 "保育園"으로 번역되고 있으므로 주의를 요합니다. 일본어 "保育園"은 보호자가 노동이나 질병 등으로 키울 수 없는 어린 아이를 맡아 보육하는 시설로 우리나라의 "어린이집(놀이방)"에 해당하는 말이기 때문입니다.

*다음 일본어 가운데 틀린 곳을 찾아 보세요!

ごみは決まった場所に、必ず分離して出してください。

해답은 다음페이지에

분리

NO ごみは決まった場所に、必ず <s>分離</s> して出してください。

YES ごみは決まった場所に、必ず分別して出してください。

쓰레기는 정해진 장소에 반드시 분리하여 내놓아 주십시오.

Words Check
- □ ごみ 쓰레기
- □ 場所 장소
- □ 必ず 반드시
- □ 分離 분리
- □ 分別 분리, 분별

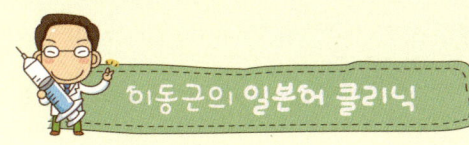

한국 한자어 "분리"에 해당하는 일본 한자어 "分離"는 대부분의 경우에서 같은 의미로 사용되고 있습니다. 서로 "나누어 떼냄" 혹은 "나뉘어 떨어짐"의 뜻입니다.

- この方法を使うと水と油を分離することができます。
  이 방법을 쓰면 물과 기름을 분리할 수가 있습니다.

- パキスタンは1947年8月にインドと分離してイギリスから独立した。
  파키스탄은 1947년 8월에 인도와 분리되어 영국에서 독립하였다.

그러나 예문과 같은 쓰레기의 경우에는 일본에서 "分離"가 아닌 分別(種類によって分けること, 종류에 따라 나누는 것)이란 단어를 사용합니다.

- 皆さんが正しい分別をすることで、15%もごみが減ります。
  여러분이 올바른 분리를 함으로써, 15%나 쓰레기가 줄어듭니다.

* 다음 일본어 가운데 틀린 곳을 찾아 보세요!

K市では、家庭から出るごみの分別収去を実施しています。

해답은 다음페이지에

제2장 일본에는 없는 단어 231

분리수거

NO K市では、家庭から出るごみの分別収去を実施しています。

YES K市では、家庭から出るごみの分別収集を実施しています。

K시에서는, 가정에서 나오는 쓰레기의 분리수거를 실시하고 있습니다.

Words Check
- 市 시
- 家庭 가정
- 出る 나오다
- ごみ 쓰레기
- 分別収集 분리수거
- 実施 실시

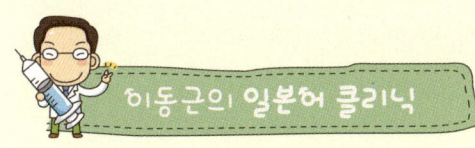

분리와 함께 주로 폐품이나 쓰레기에서 사용되는 "수거(収去)"는, "거두어 가다"라는 뜻으로 우리나라에서는 일상어이지만, 일본에서는 뜻도 다르며 거의 사용되지 않는 문장어입니다. 이 뜻으로는 "회수(回収)" 혹은 "수집(収集)"이 사용됩니다.

- 約 1 時間半かけて、軽トラック 1 台分のごみを回収しました。
  약 1시간 반 걸려서, 작은 트럭 1대 분의 쓰레기를 수거했습니다.

- これは収集してきた廃品を分別するための設備です。
  이것은 수거해 온 폐품을 분리하기 위한 설비입니다.

- そこでは、家庭から出るごみを次の 4 種類に分別して収集している。
  거기서는 가정에서 나오는 쓰레기를 다음 4종류로 분리하여 수거하고 있다.

그런데 이 分別은 특이한 단어로, "ふんべつ"라고 읽으면 우리나라의 "분별(력)"이란 뜻이 되므로 사용할 때 틀리지 않도록 조심해야 합니다.

- 彼は分別があるからそんな馬鹿なことは言わない。
  그는 분별력이 있으니까 그런 바보 같은 말은 하지 않는다.

- 首相の無分別な行動は日本をアジアからますます孤立させてしまう。
  수상의 무분별한 행동은 일본을 아시아에서 점점 고립시키고 만다.

*다음 일본어 가운데 틀린 곳을 찾아 보세요!

絶対に他人にカード番号や秘密番号を教えてはいけません。

해답은 다음 페이지에

제2장 일본에는 없는 단어

비밀번호

NO 絶対に他人にカード番号や秘密番号を教えてはいけません。

YES 絶対に他人にカード番号や暗証番号を教えてはいけません。

절대로 남에게 카드번호나 비밀번호를 가르쳐주면 안 됩니다.

Words Check
- □ 絶対 절대
- □ 他人 타인
- □ カード 카드
- □ 番号 번호
- □ 秘密 비밀
- □ 暗証番号 비밀번호
- □ 教える 가르치다

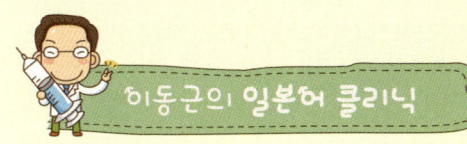

수험번호, 우편번호, 전화번호, 좌석번호, 참가번호 등과 같이 어떤 단어 뒤에 번호(番号)를 붙여 사용하는 일이 많으며, 이때 일본어도 대체로 우리말과 같기 때문에 별 어려움 없이 일본어로 고칠 수 있습니다.

그러나 위의 "비밀번호"나 "지역번호(p288)"와 같이 극히 일부지만 직역을 해서는 안 되는 단어도 있으니 주의하기 바랍니다.

우리말 "비밀번호"에 해당하는 말은 "パスワード"와 "暗証番号"가 있는데, 전자는 주로 금융거래, 컴퓨터 로그인 등에 본인확인을 위해 사용되는 정보로서 문자와 숫자의 배열에 사용하며, 후자는 현금카드 등 숫자만의 배열일 경우에 일컫는 말입니다.

- IDとパスワードを正確に入力してもログインできません。
  ID와 비밀번호를 정확하게 입력해도 로그인이 안 됩니다.

- 建物内に入るには暗証番号を押してドアを開けなければならない。
  건물 내에 들어가려면 비밀번호를 누르고 문을 열어야 한다.

※ 다음 일본어 가운데 틀린 곳을 찾아 보세요!

貨物機は飛行中に発生した火災のため、田んぼに非常着陸した。

해답은 다음페이지에

비상착륙

NO 貨物機は飛行中に発生した火災のため、田んぼに非常着陸した。

YES 貨物機は飛行中に発生した火災のため、田んぼに緊急着陸した。

화물기는 비행 중에 발생한 화재 때문에, 논에 비상착륙했다.

Words Check
- 貨物機 화물기
- 飛行 비행
- 発生 발생
- 火災 화재
- 田んぼ 논
- 緊急 긴급
- 着陸 착륙

이동근의 일본어 클리닉

비상착륙이란 긴급히 착륙하지 않으면 항공기가 위험에 빠질 것으로 예상될 때나, 사고 등으로 정상적인 착륙을 할 수 없을 때의 착륙을 말합니다. 비슷한 말에 "불시착(륙)"이 있습니다.

일본에서는 이러한 착륙을 "緊急着陸" 혹은 "不時着(陸)"이라고 한다.

- その旅客機はエンジンの故障からグアム国際空港に緊急着陸した。
  여객기는 엔진 고장으로 괌 국제공항에 비상착륙하였다.

- 空き地に不時着を試みたが、周囲に多くの住宅があり断念した。
  공터에 불시착을 시도했지만, 주위에 많은 주택이 있어 단념했다.

자가진단

※ 다음 일본어 가운데 틀린 곳을 찾아 보세요!

障害者の中にも、非障害者に負けない、能力の持ち主もいます。

해답은 다음페이지에

제2장 일본에는 없는 단어

UNIT 2-26 비장애인

NO 障害者(しょうがいしゃ)の中(なか)にも、非障害者(ひしょうがいしゃ)に負(ま)けない、能力(のうりょく)の持(も)ち主(ぬし)もいます。

YES 障害者(しょうがいしゃ)の中(なか)にも、健常者(けんじょうしゃ)に負(ま)けない、能力(のうりょく)の持ち主もいます。

장애인 중에도, 비장애인에 뒤지지 않는, 능력의 소유자도 있습니다.

Words Check
- 障害者(しょうがいしゃ) 장애인
- 健常者(けんじょうしゃ) 비장애인
- 負(ま)ける 지다
- 能力(のうりょく) 능력
- 持(も)ち主(ぬし) 소유자

 이동근의 일본어 클리닉

장애(障礙)는 일본어로 "障害"라고 합니다. 이는 표기를 히라가나가 아닌 한자로 해야 하는 일본어의 특성상 어려운 "障礙" 대신 발음이 같은 상용한자 "障害"를 대신 사용하기 때문입니다. 참고로, 상용한자가 아닌 "礙"를 히라가나로 써서 "障がい"라고 표기하는 경우가 있습니다.

- 当然であるが、非常口の前に障害物を置いてはならない。
  당연하지만, 비상문 앞에 장애물을 두어서는 안 된다.

- 障害者を偏見の目で見る人が、まだまだ多いです。
  장애인을 편견의 눈으로 보는 사람이 아직도 많습니다.

장애인을 일본에서는 "障害者"라고 하는데, 최근에 방송 등에서는 "障害のある人" 혹은 "障害を持つ人"라고 표현하는 경향이 있습니다.

불과 몇 해 전만 하더라도 "장애인"의 반대말로 "정상인"이라고 표현하였으나, 이 단어는 장애인에 대한 그릇된 인식을 갖게 한다고 하여 "비장애인"이란 말로 바꿔 사용하고 있습니다. 하지만 일본에서는 예나 지금이나 심신에 병이나 장애가 없는 사람을 "健常者"라고 부르고 있습니다.

 자가진단

*다음 일본어 가운데 틀린 곳을 찾아 보세요!

昔は書芸家でなくても字の上手な人が多くいた。

해답은 다음페이지에

서예

NO 昔(むかし)は ~~書芸家(しょげいか)~~ でなくても字(じ)の上手(じょうず)な人が多くいた。

YES 昔(むかし)は 書道家(しょどうか)でなくても字(じ)の上手(じょうず)な人が多くいた。

옛날에는 서예가가 아니라도 글씨를 잘 쓰는 사람이 많이 있었다.

이동근의 일본어 클리닉

서예란 글씨를 붓으로 쓰는 예술을 말합니다. 예로부터 한중일 3국에서 발달해 온 이 예술은 재미있게도 세 나라에서 부르는 말이 다 다릅니다. 지금은 우리와 전혀 다른 한자를 사용하는 중국에서는 "書法(书法)", 일본에서는 "書道"라고 부르며, 우리나라는 "서예(書藝)"라고 부릅니다.

- 義務教育を受けた人なら、誰でも小学校で「書道」を習ったはずである。
  의무교육을 받은 사람이라면, 누구든 초등학교에서 "서예"를 배웠을 터이다.

자가진단

※ 다음 일본어 가운데 틀린 곳을 찾아 보세요!

数年前に日本で豆腐ダイエットが旋風的な人気を集めました。

해답은 다음 페이지에

선풍적

NO 数年前(すうねんまえ)に日本(にほん)で豆腐(とうふ)ダイエットが旋風的(せんぷうてき)な人気(にんき)を集(あつ)めました。

YES 数年前(すうねんまえ)に日本(にほん)で豆腐(とうふ)ダイエットが爆発的(ばくはつてき)な人気(にんき)を集(あつ)めました。

몇 년 전에 일본에서 두부 다이어트가 선풍적인 인기를 끌었습니다.

Words Check
- 数年前(すうねんまえ) 수년 전
- 豆腐(とうふ) 두부
- ダイエット 다이어트
- 爆発(ばくはつ) 폭발
- 集(あつ)める 모으다

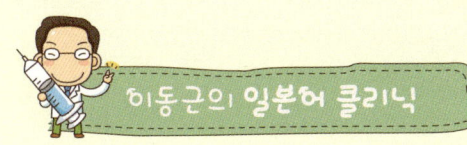

돌발적으로 일어나 세상을 뒤흔드는 사건을 비유적으로 "선풍(p50)"이라 하며, 한국과 일본에서 공통적으로 사용되고 있습니다.

- 浅田真央の登場はフィギュアスケート界に一大旋風を巻き起こした。
  아사다 마오의 등장은 피겨 스케이트계에 일대 선풍을 일으켰다.

"선풍적"은 관형사로서 "돌발적으로 일어나 사회에 큰 영향을 미치거나 관심의 대상이 될 만한."의 뜻을 갖는 말입니다. 마치 일본어에도 있을 법한 단어 같지만 일본어에는 없는 단어이며, 다음과 같이 사용합니다.

- 「カリフォルニア・ロール」は、アメリカで誕生し、爆発的な人気を得た。
  "캘리포니아 롤"은 미국에서 탄생하여, 선풍적인 인기를 얻었다.

자가진단

※ 다음 일본어 가운데 틀린 곳을 찾아 보세요!

その子は顔もかわいいしダンスも水準級ですが、歌は下手です。

해답은 다음페이지에

제2장 일본에는 없는 단어

수준급

NO その子は顔もかわいいしダンスも ~~水準級~~ ですが、歌は下手です。

⬇

YES その子は顔もかわいいしダンスも プロ級 ですが、歌は下手です。

그 애는 얼굴도 예쁘고 댄스도 수준급입니다만, 노래는 서툽니다.

Words Check
- □ 顔 얼굴 □ かわいい 귀엽다 □ ダンス 댄스 □ プロ 프로
- □ 級 급 □ 歌 노래 □ 下手だ 서투르다

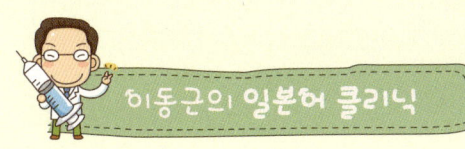

접미사 "급(級)"은 명사에 붙어, 그 정도임을 나타내는 말입니다. 헤비급(ヘビー級), 국보급(国宝級), 장관급(大臣級) 등 많은 단어에 붙어 다양하게 사용되고 있습니다.

- 釜山港には、常時2～3万トン級の船が出入りしている。
  부산항에는, 항시 2~3만톤급의 배가 드나들고 있다.

- ネパールにはエベレスト(8848m)以外にも、8千m級の山が多い。
  네팔에는 에베레스트(8848m) 이외에도, 8천m급의 산이 많다.

그런데, "상당히 높은 수준에 달했음"을 나타낼 때 우리나라에서 흔히 사용하는 "수준급"이란 단어를, 의외로 일본에서는 사용하지 않습니다. 이때 사용하는 표현은 "プロ級" 혹은 "本格的" 입니다.

- 彼は化学実験が趣味で、ピアノの演奏、ゴルフもプロ級です。
  그는 화학 실험이 취미이며, 피아노 연주, 골프도 수준급입니다.

- 特別な厨房があるわけでもないのにおばさんの料理は本格的だった。
  특별한 주방이 있는 것도 아닌데 아줌마의 요리는 수준급이었다.

- ここでは都会のように、本格的なクラシックの演奏を聞く機会が滅多にない。
  여기서는 도시와 같이, 수준급의 클래식 연주를 들을 기회가 좀처럼 없다.

※ 다음 일본어 가운데 틀린 곳을 찾아 보세요!

市議員は市民の代表として、通常4年ごとに選挙によって選ばれます。

해답은 다음페이지에

시의원

NO 〜市議員〜は市民の代表として、通常 4 年ごとに選挙によって選ばれます。

YES 市会議員は市民の代表として、通常 4 年ごとに選挙によって選ばれます。

시의원은 시민의 대표로서, 통상 4년마다 선거에 의해서 뽑습니다.

Words Check
- □ 市会議員 시의원
- □ 市民 시민
- □ 代表 대표
- □ 通常 통상
- □ ごとに ~마다
- □ 選挙 선거
- □ 選ぶ 선택하다

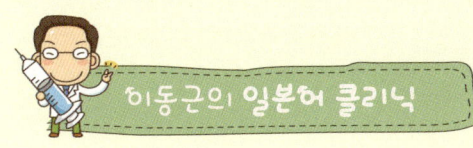

국회의 하위 개념인 "지방의회"는 지방 자치 단체의 의결 기관으로서 시, 군, 구에 설치하는 기초 의회와 특별시, 광역시, 도에 설치하는 광역 의회가 있습니다.

여기서는 그 중 "시의회"와 "시의원"을 설명하며, 그 외는 같은 방식으로 유추해 나가면 알 수 있을 것으로 봅니다.

시의회의 의원을 "시의회의원(市議会議員^{しぎかいぎいん})"이라고 하며, 우리나라에서는 흔히 이를 줄여서 "시의원"이라 한다. 그러나 일본에서는 이를 줄인 표현이 "市会議員^{しかいぎいん}"입니다.

● 彼^{かれ}は市会議員^{しかいぎいん}、県会議員^{けんかいぎいん}などを経^へて国会議員^{こっかいぎいん}になった人だ。
　그는 시의원, 현의원(=도의원) 등을 거쳐 국회의원이 된 사람이다.

〈나고야시 의회의 모습〉

※ 다음 일본어 가운데 틀린 곳을 찾아 보세요!

我^わが家^やは田舎^{いなか}なので、いまだに地下水^{ちかすい}を食^{すい}水として使用^{しよう}している。

해답은 다음페이지에

식수

NO 我が家は田舎なので、いまだに地下水を食水として使用している。

YES 我が家は田舎なので、いまだに地下水を飲み水として使用しています。

우리 집은 시골이라서, 아직도 지하수를 식수로 사용하고 있다.

Words Check
- 我が家 우리집
- 田舎 시골
- いまだに 아직도
- 地下水 지하수
- 飲み水 식수
- 使用 사용

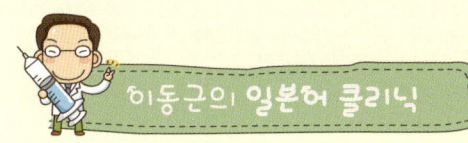

이미 배웠겠지만 우리말은 "약이나 물을 포함한 모든 액체 류"를 "먹다"로 표현 할 수 있지만, 일본어는 우리말 "먹다"에 해당하는 "食べる(食う)"를 쓰지 않습니다.

- 母乳を飲んで育った子供は消化不良、かぜなどにかかりにくい。
  모유를 먹고 자란 아이는 소화불량, 감기 등에 잘 걸리지 않는다.

따라서 우리는 "먹는 물"을 한자어로 "식수(食水)"라고 하지만, 일본에서는 이 단어가 없으며 "飲み水" 혹은 한자어로 "飮料水(p122)"라고 합니다.

- ここの井戸水は鉄分が少なく、飲み水としては、とてもよいものだった。
  이곳의 우물물은 철분이 적어, 식수(먹는 물)로서는 무척 좋은 것이었다.

- 生活には欠かせない水道水ですが飲料水には適しません。
  생활에는 빠뜨릴 수 없는 수돗물입니다만 식수로는 적합하지 않습니다

"식수난(食水難)"이란 단어도 당연히 없는데, 일본에서는 "(飲み)水不足" 혹은 "飲料水不足"라고 표현합니다.

- 今回の地震と津波による被災地では飲み水不足が深刻です。
  이번 지진과 (지진)해일에 의한 피해지역에서는 식수난이 심각합니다.

※ 다음 일본어 가운데 틀린 곳을 찾아 보세요!

彼は日本の歌がとても好きで、「乾杯」が
愛唱曲だった。

해답은 다음페이지에

애창곡

NO 彼は日本の歌がとても好きで、「乾杯」が愛唱曲だった。

YES 彼は日本の歌がとても好きで、「乾杯」が愛唱歌だった。

그는 일본 노래를 무척 좋아했으며 "乾杯"가 애창곡이었다.

歌 노래   乾杯 건배   愛唱歌 애창곡

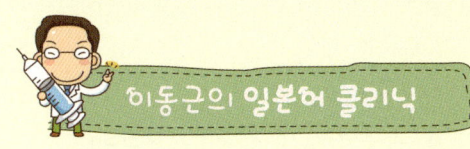

곡(曲)과 노래(歌)는 어느 면에서는 의미가 일치하는 말입니다. 단독으로 사용할 때 일본어 또한 "曲"은 음(きょく), "歌"는 훈(うた)인 점이 재미있습니다.

- すべてのジャンルを通(とお)して、私の一番(いちばん)好(す)きな曲です。
  모든 장르를 통해 내가 가장 좋아하는 곡입니다.

- 最近(さいきん)よく聞(き)く、大変(たいへん)好(す)きな歌はマドンナの「Like A Virgin」です。
  최근에 자주 듣는 아주 좋아하는 노래는 마돈나의 "Like A Virgin"입니다.

유행가(流行歌(りゅうこうか))나 히트곡(ヒット曲)처럼 단어 뒤에 붙는 경우가 많은데, 한국과 일본에서 대체로 일치합니다. 우리말 "애창곡"은 일본에서는 "愛唱歌(あいしょうか)"라고 합니다.

- あの夜(よる)、田中(たなか)さんが歌(うた)ってくれた歌(うた)は私の愛唱歌になっていた。
  그날 밤, 타나까 씨가 불러 준 노래는 내 애창곡이 되어 있었다.

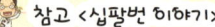 참고 <십팔번 이야기>

애창곡의 뜻으로 일본말인 "십팔번"을 많이 사용하는데, 국어사전을 보면 그 의미가 "가장 즐겨 부르는 노래"로 나와 있다. 출전을 일본 고유의 연극 "가부키(歌舞伎)"로 나타내고 있으므로 일본말에서 온 외래어임을 알 수 있다.

다만 일본어 "十八番"은 "おはこ"라고도 하며 본고장 일본에서는 "노래" 외에도 "잘하는 재주" 전반을 나타내는 말이라는 사실을 알아두기 바란다.

● その選手の十八番は滞空時間の長い豪快なダンクシュートだった。
　그 선수의 장기(長技)는 체공시간이 긴 호쾌한 덩크 슛이었다.

● 私の母のおはこはギョウザと豚のしょうが焼きです。
　제 어머니의 특기(特技)는 만두와 돼지고기의 생강구이입니다.

● 彼のカラオケのおはこは、チョー・ヨンピルの「釜山港へ帰れ」だった。
　그의 노래방 애창곡은, 조용필의 "돌아와요 부산항에"였다.

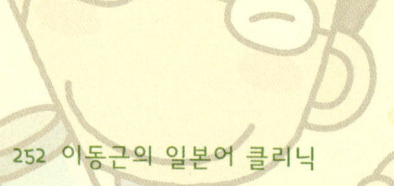

이동근 샘의 +Plus 일본어 문진 처방

Q : 선생님, 한국어의 '이름을 부르다', '노래를 부르다', '출석을 부르다'와 같은 '부르다' 동사의 경우, 전부 하나의 동사로 사용되는데요. 일본어의 경우에도 마찬가지로 한가지 동사로 표현 가능한가요?

A : 아, 네. 좋은 질문입니다. 일본어의 경우, 사람의 이름을 '부르다', 택시를 '부르다'처럼 어떤 대상을 부르는 경우에는 "呼ぶ"라는 동사를 사용합니다. 또한, '노래'와 관련된 표현에는 "歌う"를 사용하고 있죠. 더불어, 한국인 학습자가 자주 틀리는 표현 중 하나인 '출석을 부르다'의 경우에는 "(出席を)取る"라는 동사가 쓰이고 있습니다. 아래에 몇 가지 예문을 제시하도록 하였으니, 문형을 통해 일본어 동사 표현에 익숙해 지도록 하세요.

- 今、彼女は読書に夢中で名前を呼んでも返事もしない。
  지금, 그녀는 독서에 푹 빠져 이름을 불러도 대답도 하지 않는다.

- 空港までタクシーで行きたいので、タクシーを呼んでもらえますか？
  공항까지 택시로 가고 싶은데, 택시를 불러 줄 수 있습니까?

- 去年私の結婚式でお祝いの歌を歌ってくれたいとこが結婚します。
  작년에 내 결혼식에서 축가를 불러 준 사촌(동생)이 결혼합니다.

- この授業は出席を取りませんし、レポートさえ出せば単位が取れます。
  이 수업은 출석을 부르지 않고, 리포트만 내면 학점을 딸 수 있습니다.

* 다음 일본어 가운데 틀린 곳을 찾아 보세요!

パリからベルリンの間の移動手段として夜間列車を利用しました。

해답은 다음페이지에

야간열차

NO パリからベルリンの間の移動手段として夜間列車を利用しました。

YES パリからベルリンの間の移動手段として夜行列車を利用しました。

파리에서 베를린 사이의 이동 수단으로서 야간열차를 이용했습니다.

Words Check
- □ パリ 파리　□ ベルリン 베를린　□ 間 사이　□ 移動 이동
- □ 手段 수단　□ 夜行列車 야간열차　□ 利用 이용

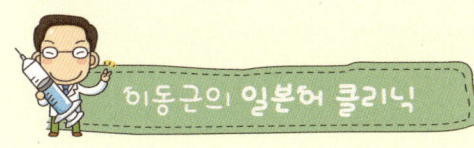

야간은 "해가 지고 나서 다음날 해가 뜰 때까지의 동안"을 말하며, 주간의 반대 개념으로 일상에서 널리 쓰이는 말입니다. 야간학교, 야간근무 등 수많은 숙어를 이루지만 대체로 한국과 일본에서 같은 단어가 사용됩니다.

● このパン屋は夜10時まで夜間営業を行っています。
　이 빵집은 밤 10시까지 야간영업을 실시하고 있습니다.

우리나라에서는 밤에 운행하는 열차를 "야간열차"라고 하는데, 이를 일본에서는 "夜行列車" 혹은 "夜汽車"라고 합니다.

● 夜行列車は広いヨーロッパの鉄道旅行には欠かせない存在です。
　야간열차는 넓은 유럽의 철도 여행에는 빠뜨릴 수 없는 존재입니다.

※ 다음 일본어 가운데 틀린 곳을 찾아 보세요!

現在3歳の息子がいますが、子供の家に預けて働いています。

해답은 다음페이지에

제2장 일본에는 없는 단어　255

어린이집

NO 現在3歳の息子がいますが、~~子供の家~~に預けて働いています。

YES 現在3歳の息子がいますが、保育所(=保育園)に預けて働いています。

현재 세 살인 아들이 있습니다만, 어린이집에 맡기고 일하고 있습니다.

Words Check
- 現在 현재
- 息子 아들
- 保育所(=保育園) 어린이집
- 預ける 맡기다
- 働く 일하다

반드시 틀렸다고는 할 수 없지만, 한국어에 대한 일본어는 정확한 의사 전달이 되지 못할 수가 있습니다. 보호자를 대신하여 어린 아이를 맡아 보육하는 시설인 탁아소(託兒所)는 요즈음엔 주로 "어린이집"이란 이름으로 사용되고 있습니다.

6세 이하의 영, 유아를 맡기는 우리나라의 "어린이집"은 일본에서는 保育所라고 하는데, 일상에서는 保育園이란 말로도 많이 사용되고 있습니다.

● 4月より、子供を保育所に預けて職場復帰を考えています。
  4월부터, 아이를 어린이집에 맡기고 직장 복귀를 생각하고 있습니다.

● 朝保育園に子供を預け、夕方6時ごろ迎えに行きます。
  아침에 어린이집에 아이를 맡기고 저녁 6시쯤 데리러 갑니다.

그런데 일본에서 사용하는 "子供の家"는 정해진 의미가 있는 것이 아니며,
1. 우리 나라의 "보육원(=児童養護施設)"을 가리키기도 하고,
2. ○○保育所(=어린이집)의 ○○에 해당하는 이름이기도 하고,
3. 어린이(초등학생) "수련원" 같은 곳을 지칭 하기도 한다.

따라서 굳이 해석하자면 본문의 일본어는 子供の家란 이름의 保育所(어린이집)에 맡겼다는 뜻이 됩니다.

※ 다음 일본어 가운데 틀린 곳을 찾아 보세요!

ミャンマーの女僧はピンク色の僧服を着ているのが特徴だ。

해답은 다음페이지에

여승

NO ミャンマーの女僧（じょそう）✗はピンク色（いろ）の僧服（そうふく）を着（き）ているのが特徴（とくちょう）だ。

YES ミャンマーの尼僧（にそう）はピンク色の僧服を着ているのが特徴だ。

미얀마의 여승은 핑크색의 승복을 입고 있는 것이 특징이다.

Words Check
- ミャンマー 미얀마
- 尼僧（にそう） 여승
- 僧服（そうふく） 승복
- 着（き）る 입다
- 特徴（とくちょう） 특징

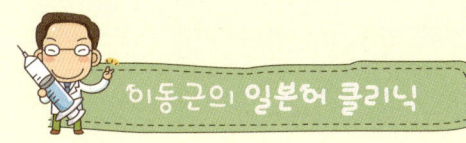

"중"은 절에서 살면서 불도를 닦고 실천하며 포교하는 사람을 이르던 말이지만, 근래에는 비하하는 말로 많이 사용되어 '승려'나 '스님'의 호칭이 일반화되어 있습니다. (참고로, 중=僧, 승려=僧侶, 스님=お坊さん으로 생각해도 좋다)

사전에 "여자 중"으로 풀이되어 있는 "여승"은 일본에서는 우리와 같은 한자어가 아닌 "尼僧" 혹은 "尼"라고 합니다.

- 音のする方向に進むと本堂に念仏を唱える尼僧の姿が見えた。
  소리가 나는 방향으로 나아가니 대웅전에 염불을 외는 여승의 모습이 보였다.

〈왼쪽부터 일본, 미얀마, 한국의 여승의 모습이다〉

참고로, 우리말 "여승"은 불도를 닦는 "스님"을 말하지만, 일본어 "尼僧(혹은 尼)"는 "여승"뿐만 아니라 "수녀(p100)"를 지칭하기도 하므로 주의해야 합니다.

※ 다음 일본어 가운데 틀린 곳을 찾아 보세요!

① 外界のどこかに生命体が存在する可能性は大いにあります。
② ある日突然、地球は外界人の侵略を受ける。

해답은 다음페이지에

제2장 일본에는 없는 단어 259

외계, 외계인

NO
① 外界のどこかに生命体が存在する可能性は大いにあります。
② ある日突然、地球は外界人の侵略を受ける。

YES
① 宇宙のどこかに生命体が存在する可能性は大いにあります。
② ある日突然、地球は宇宙人の侵略を受ける。

외계 어디엔가 생명체가 존재할 가능성은 많이 있습니다.
어느 날 갑자기, 지구는 외계인의 침략을 받는다.

Words Check
- 宇宙 우주
- 生命体 생명체
- 存在 존재
- 可能性 가능성
- 突然 갑자기
- 地球 지구
- 侵略 침략

이동근의 일본어 클리닉

"바깥(외부) 세계"를 뜻하는 이 "외계"는 위와 같이 "지구 밖의 세계"라는 또 하나의 뜻을 가지고 있는데, 일본어에는 그러한 뜻이 없습니다.

● このホテルは、外界（がいかい）と隔離（かくり）されているため、市内（しない）へ出（で）るのはとても大変（たいへん）だ。
이 호텔은 외부세계와 격리되어 있기 때문에 시내에 나가기가 무척 힘들다.

"지구 밖의 세계"를 나타낼 경우 일본에서는 "宇宙（うちゅう）"라고 하며, 또 그곳에 사는 생명체를 "宇宙人（うちゅうじん）(=異星人（いせいじん）, エイリアン)"이라고 합니다.

〈외계인을 일컫는 말〉
영어 : extraterrestrial life,
약칭 ET
・地球外生命(ちきゅうがいせいめい)
・宇宙人(うちゅうじん)
・異星人(いせいじん)
・エイリアン(alien)

※ 다음 일본어 가운데 틀린 곳을 찾아 보세요!

結局（けっきょく）韓国人（かんこくじん）初（はつ）の宇宙人（うちゅうじん）は女性（じょせい）のイ・ソヨンさんに決定（けってい）した。

해답은 다음페이지에

우주인

NO 結局韓国人初の〜宙人〜は女性のイ・ソヨンさんに決定した。

YES 結局韓国人初の宇宙飛行士は女性のイ・ソヨンさんに決定した。

결국 한국인 최초의 우주인은 여성인 이소연씨로 결정되었다.

Words Check
- 結局 결국
- 初 첫, 처음
- 宇宙飛行士 우주비행사
- 女性 여성
- 決定 결정

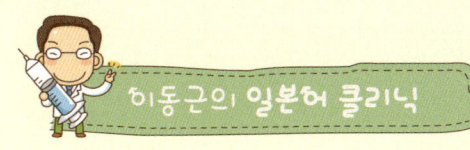

앞서 일본어 "宇宙人"은 지구 밖의 생명체 즉, "외계인"이라고 하였습니다. 우리말 "우주인"에도 이 뜻은 있지만, 일상에서는 주로 "외계인"을 쓰는 듯합니다.

그런데 우리말 "우주인"에는 일본어에 없는 "우주 비행을 위하여 특수 훈련을 받은 비행사."라는 뜻이 있으며, 실제로 위의 예문처럼 사용됩니다. 그러나 이 경우 일본에서는 "宇宙飛行士"라고 합니다.

 いまだにＵＦＯに乗って地球にやってくる宇宙人の存在を固く信じている。
　아직도 UFO를 타고 지구에 찾아오는 외계인의 존재를 굳게 믿고 있다.

> **참고**
>
> 미확인비행물체(未確認飛行物体)는 UFO(unidentified flying object)라고 하는데, 우리와 같은 발음인 유・에프・오라고 발음하는 것은 최근에 들어서 이며, 아직도 수많은 사람들이 "ユーフォー"라고 발음하고 있다.
> 또 오래 전의 호칭이기는 하지만 이를 우리나라에서는 "비행접시", 일본에서는 "空飛ぶ円盤"이라고 하였으므로 잘 알아 두기 바란다.

 「空飛ぶ円盤」を目撃したという報告がアメリカ中で何百件も現れた。
　"비행접시"를 목격했다는 보고가 미국 내에서 몇 백 건이나 나타났다.

※ 다음 일본어 가운데 틀린 곳을 찾아 보세요!

移動したテーブルや椅子は、利用後、必ず元位置させてください。

해답은 다음페이지에

제2장 일본에는 없는 단어　263

원위치

NO 移動したテーブルや椅子は、利用後、必ず元位置させてください。

YES 移動したテーブルや椅子は、利用後、必ず元の位置に戻してください。

이동한 테이블이나 의자는, 이용 후 반드시 원위치시켜 주십시오.

Words Check
- ☐ 移動 이동 ☐ テーブル 테이블 ☐ 椅子 의자 ☐ 利用 이용
- ☐ 元 원래 ☐ 位置 위치 ☐ 戻す 되돌리다

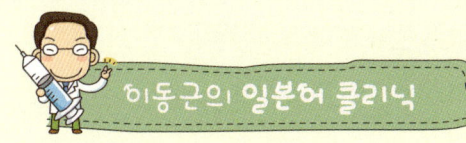

어떤 시설물이나 물건을 사용하고 난 후 처음 있던 대로 해 줄 것을 요청하는 문구입니다. "현위치(p312)"처럼 사전에 실려 있지 않은 말이지만, 이 단어는 일상에서 "원위치하다(혹은 시키다)"와 같이 동사 활용하는 예가 많습니다.

- ハワイ諸島は、太平洋上のほぼ中央に位置する小さな島です。
  하와이 제도는, 태평양 상의 거의 중앙에 위치하는 작은 섬입니다.

"원위치"로 해석할 수 있는 표현들을 알아 보기로 합시다. "원위치시키다"는 "元の位置[場所、状態]に戻す"의 형태가 가장 일반적이며, 각각 직역해도 좋습니다.

- 多目的ホールの机・いすの使用後は必ず元通りにして下さい。
  다목적 홀의 책상, 의자의 사용 후엔 반드시 원래대로 해 주십시오.

- シートベルトをおしめになり、背もたれを元の位置にお戻し下さい。
  좌석벨트를 매시고, 등받이를 원위치(제 자리)로 해 주십시오.

- 使用後は、必ず洗ってから元の場所に戻してください。
  사용 후에는, 반드시 씻어서 원위치시켜[원래 장소에 갖다 놓아] 주십시오.

- 利用後は机など備品を元の状態に戻してください。
  이용 후에는 책상 등 비품을 원위치[원상복귀]시켜 주십시오.

＊다음 일본어 가운데 틀린 곳을 찾아 보세요!

日本では毎年、4万人近い女性が乳房癌で治療を受けています。

해답은 다음페이지에

유방암

NO 日本では毎年、4万人近い女性が乳房癌で治療を受けています。

YES 日本では毎年、4万人近い女性が乳がんで治療を受けています。

일본에서는 매년, 4만 명 가까운 여성이 유방암으로 치료를 받고 있습니다.

Words Check
- □ 毎年 매년
- □ 近い 가깝다
- □ 女性 여성
- □ 乳がん 유방암
- □ 治療 치료
- □ 受ける 받다

히동근의 일본어 클리닉

암(癌)에는 수십 종류가 있으며, 위암(胃がん), 폐암(肺がん), 식도암(食道がん), 대장암(大腸がん), 피부암(皮膚がん), 췌장암(膵臓がん)과 같이 그 부위에 암(がん)을 붙이면 됩니다. 물론 한자로 "癌"을 사용해도 되지만 이 한자는 상용한자가 아니므로 히라가나인 "がん"를 써서 나타내는 것이 일반적입니다.

● ○○保険はがんにかかったことがある人でも入れるがん保険です。
○○보험은 암에 걸린 적이 있는 사람이라도 들 수 있는 암 보험입니다.

다만, 유방암은 일본에서는 "乳がん"이라 하며, 간암은 일본에서는 "肝がん"보다 "肝臓がん"의 사용빈도가 더 높다고 할 수 있습니다.

● 日本では、女性のがんの中で患者数が最も多いのが乳がんです。
일본에서는, 여성의 암 중에서 환자수가 가장 많은 것이 유방암입니다.

● 乳がんは、乳房の中の乳腺から発生し、何年もかかって徐々に進行します。
유방암은, 유방 속의 유선에서 발생하여, 몇 년이나 걸려 서서히 진행됩니다.

 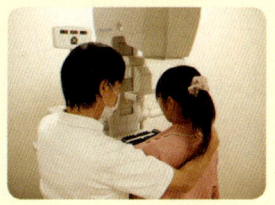

자가진단

※ 다음 일본어 가운데 틀린 곳을 찾아 보세요!

夫は牛乳の流通期限が１日でも過ぎていたら捨ててしまいます。

해답은 다음페이지에

유통기한

NO 夫は牛乳の流通期限が1日でも過ぎていたら捨ててしまいます。

YES 夫は牛乳の賞味期限が1日でも過ぎていたら捨ててしまいます。

남편은 우유의 유통기한이 하루라도 지났으면 버려 버립니다.

Words Check
- 夫 남편
- 牛乳 우유
- 賞味期限 유통기한
- 過ぎる 지나다
- 捨てる 버리다

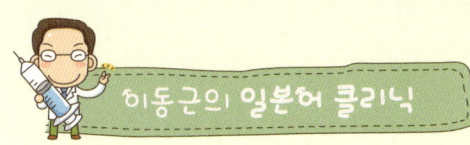

"유통(流通)"과 "기한(期限)"은 큰 의미상의 차이 없이 사용할 수 있는 단어입니다.

- 現在、国内に４種類の紙幣が流通しています。
  현재 국내에 네 종류의 지폐가 유통되고 있습니다.

- 特にレポートは重要ですので、提出期限を守って提出しなければなりません。
  특히 리포트는 중요하기 때문에 제출 기한을 지켜서 제출해야 합니다.

그런데, 우리나라는 "유통기한"을 두어 주로 식품 따위의 상품이 그 기간 안에 시중에 유통될 수 있도록 하였으며, 일본은 "賞味期限"이라 하여 표시되어 있는 날까지는 그 식품의 맛과 품질이 유지됨을 보증하고 있습니다.

비록 용어는 다르지만 소비자가 안심하고 식품을 먹을 수 있는 기준(날짜)을 마련해 주는데 그 의미가 있다고 하겠습니다. 물론 두 나라 모두 올바른 보관방법이 지켜진 상황을 전제로 하고 있습니다.

- 卵は保存方法どおりに保存し、賞味期限内に召し上がってください。
  달걀은 보존 방법대로 보존하고, 유통기한 내에 드십시오.

賞味期限 2009. 4. 29

약(薬)의 경우는 양국에서 "사용기한"으로 표시되어 있었으며, 육류 등의 냉장식품은 한국에서 주로 "포장연월일, 유효연월일"로 표시가 되어 있었는데, 일본의 경우 "加工(年月)日, 消費期限"으로 표시가 되어 있습니다.

加工年月日 2003년 8월 28일
消費期限 2003년 8월 31일

즉, "賞味期限"은 그 날짜를 넘겨도 먹을 수는 있지만, 맛있게 먹기 위해서는 그 기한을 지키라는 의미를, "消費期限"은 안전성이 떨어질 우려가 있으므로, 그 이후에는 먹지 말라는 의미를 담고 있습니다.

● 肉類は加工日と消費期限を確認して、新鮮なものを購入している。
　　육류는 포장일과 유효일을 확인하여, 신선한 것을 구입하고 있다.
　※포장(包装、ほうそう)　유효(有効、ゆうこう)

이동근 샘의 +Plus 일본어 문진 처방

Q : 선생님, 한국어에도 '~안에', '이내', '~까지', '~중으로'처럼 비슷한 의미의 표현이 다양한데요. 일본어에도 우리처럼 여러가지 표현이 있나요?

A : 네. 좋은 질문입니다. 우리말 "안(속)"은 한자에서 알 수 있듯이 "内 혹은 中"입니다. 다만 이 단어들은 공간에 주로 사용하며, "中"가 일상어인데 비해 "内"는 문장어에 가깝습니다.

● 建物の中には入ることはできないが、敷地内には入れる。
　건물 속(=안)에는 못 들어 가지만, 부지 내(=안)에는 들어갈 수 있다.

그리고, 시간을 나타내는 "안(=내)"은 일본어로 다양하게 나타낼 수 있는데, 그 중 하나가 "以内"입니다. "以内"는 시간 혹은 기간을 나타내는 말과 함께 사용하여 지금(혹은 어느 시점)을 시작으로 그 "안(이내)"을 나타내는 말입니다.

● その仕事を3ヶ月[1年]以内に仕上げるのは全く不可能である。
　그 일을 3개월[1년] 안에 마무리하는 것은 전혀 불가능하다.

조사 "までに"는 동작, 작용이 미치는 한도를 나타내며, "까지에" 앞의 시각을 한계로 그 "안"을 나타내는 말이다. "~까지"라고도 해석하는데 이때 조사 "まで"와의 차이를 구별하여 사용하는 것이 중요합니다.

● 1時までに空港へ行かなければなりません。　비교 (1時間以内に)
　1시 안에(=까지) 공항에 가지 않으면 안됩니다. 　　　　　(1시간 안에)

위의 "오늘 안, 이번 주 안, 이 달 안, 올해 안"과 같이 위의 두 경우와 달리 "일정 기간"을 나타내는 경우, "中(이때 발음은 じゅう)"를 사용한다. 물론 이 경우 우리말도 직역인 "중"을 사용할 수 있습니다.

● 履歴書をFAXで今日中に送ってほしいと言われました。
　이력서를 FAX로 오늘 안에[중으로] 보내 주었으면 좋겠다고 했습니다.

※ 다음 일본어 가운데 틀린 곳을 찾아 보세요!

硬くなった食パンは銀箔紙で包んで温めてください。

해답은 다음페이지에

제2장 일본에는 없는 단어

은박지

NO 硬くなった食パンは銀箔紙で包んで温めてください。

YES 硬くなった食パンはアルミホイル[アルミ箔]で包んで温めてください。

딱딱해진 식빵은 은박지로 싸서 데워 주십시오.

Words Check
- □ 硬い 딱딱하다
- □ 食パン 식빵
- □ アルミホイル 은박지
- □ アルミ箔 은박지
- □ 包む 싸다
- □ 温める 데우다

 이동근의 일본어 클리닉

금의 얇은 판을 망치로 두드려 얇은 종이처럼 늘린 것을 "금박"이라고 하며, 금 대신 은을 사용한 것을 "은박"이라고 합니다.

● パンフレットの表紙タイトルに金箔や銀箔を施すことにしました。
팜플렛의 표지 타이틀에 금박이나 은박을 입히기로 했습니다.

은박을 은박지라고도 부르지만, 일반적으로 "은박지"는 알루미늄을 종이처럼 얇게 늘여 편 것을 말하며, 주로 식품을 포장하여 수분의 증발이나 습기를 방지하는 데 쓰입니다. 일본에서는 이를 "アルミホイル" 혹은 "アルミ箔"라고 합니다.

● 電子レンジにアルミホイルで包んだものを入れてはいけません。
전자레인지에 은박지로 싼 것을 넣어서는 안 됩니다.

  자가진단

※ 다음 일본어 가운데 틀린 곳을 찾아 보세요!

彼は外国人として初めて日本の銀行長に就任した人物だ。

해답은 다음페이지에

제2장 일본에는 없는 단어 273

은행장

NO 彼は外国人として初めて日本の銀行長に就任した人物だ。

YES 彼は外国人として初めて日本の銀行の頭取に就任した人物だ。

그는 외국인으로서 처음으로 일본의 은행장으로 취임한 인물이다.

Words Check
- 外国人 외국인
- 初めて 처음으로
- 銀行 은행
- 頭取 은행장
- 就任 취임
- 人物 인물

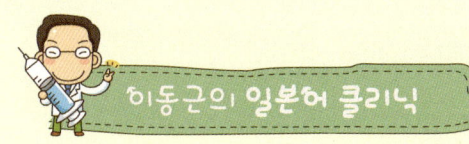

은행 관련 용어가 일본과 거의 같은 것은 아마도 일본의 영향을 많이 받았기 때문일 것입니다.

- 彼女(かのじょ)はオランダの裕福(ゆうふく)な銀行家(ぎんこうか)の家庭(かてい)に生(う)まれた。
  그녀는 네덜란드의 유복한 은행가의 가정에서 태어났다.

은행을 대표하여 직무상의 최고 책임을 맡고 있는 사람을 "은행장" 혹은 "행장"이라고 합니다. 일본에서는 이를 "銀行の頭取"라고 하며, 그냥 "頭取"라고 줄여서도 말합니다.

- Kさんは台北支店長(たいぺいしてんちょう)・副頭取(ふくとうどり)を経(へ)て、みずほ銀行頭取(とうどり)になった。
  K씨는 타이뻬이 지점장 및 부행장을 거쳐, 미즈호은행장이 되었다.

- 頭取室(とうどりしつ)に向(む)かう階段(かいだん)には、大理石(だいりせき)に赤絨毯(あかじゅうたん)がしかれている。
  행장실로 향하는 계단에는, 대리석에다 붉은 양탄자가 깔려 있다.

다만 우리나라와 달리 일부 은행이나 신탁은행에서는 "社長(しゃちょう)"이라고 부릅니다.

* 다음 일본어 가운데 틀린 곳을 찾아 보세요!

韓国(かんこく)では法律(ほうりつ)により、一回用品(いっかいようひん)の無料提供(むりょうていきょう)が禁止(きんし)されている。

해답은 다음페이지에

제2장 일본에는 없는 단어 275

일회용

NO 韓国では法律により、~~一回用品~~の無料提供が禁止されている。

YES 韓国では法律により、**使い捨て用品**の無料提供が禁止されている。

한국에서는 법률에 의해, 일회용품의 무료 제공이 금지되어 있다.

Words Check
- □ 法律 법률
- □ 使い捨て 일회용
- □ 用品 용품
- □ 無料 무료
- □ 提供 제공
- □ 禁止 금지

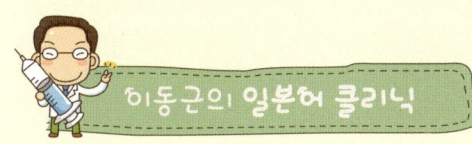

한 번만 쓰고 버리도록 되어 있는 물건을 "일회용품"이라고 합니다. "일회용 라이터, 일회용렌즈, 일회용주사기, 종이컵, 나무젓가락, 물수건" 등 주변에는 일회 용품들이 널려 있습니다. 일본에서는 쓰고 버린다는 뜻으로 "使い捨て"라고 합니다.

- 使(つか)い捨(す)てだから、衛生的(えいせいてき)に使用(しよう)でき携帯(けいたい)にも便利(べんり)です。
  일회용이니까, 위생적으로 사용할 수 있고 휴대하기도 편리합니다.

- 使(つか)い捨(す)てでなく食器用中性洗剤(しょっきようちゅうせいせんざい)で洗(あら)って何回(なんかい)でも使用(しよう)できます。
  일회용이 아니며 식기용 중성 세제로 씻어 몇 번이고 사용할 수 있습니다.

또 이러한 물건들을 "使い捨て用品[製品(せいひん)、商品(しょうひん)]" 등으로 부르고 있습니다. 또한 "使い捨て" 뒤에 바로 물건의 이름을 붙여 사용합니다.

- 世界(せかい)の都市民(としみん)の生活(せいかつ)は、使(つか)い捨(す)て製品であふれています。
  세계의 도시민의 생활은, 일회용 제품으로 넘쳐나고 있습니다.

- 新型(しんがた)インフルエンザの影響(えいきょう)で使(つか)い捨(す)てマスクが飛(と)ぶように売(う)れた。
  신종플루의 영향으로 일회용 마스크가 불티나게 팔렸다.

※ 다음 일본어 가운데 틀린 곳을 찾아 보세요!

このギターは学生時代(がくせいじだい)に再活用(さいかつよう)センターで5000円で買(か)ったものです。

해답은 다음페이지에

재활용(센터)

NO このギターは学生時代に再活用センターで 5000円で買ったものです。

YES このギターは学生時代にリサイクルショップで 5000円で買ったものです。

이 기타는 학창시절에 재활용센터에서 5000엔에 산 것입니다.

Words Check
- □ ギター 기타
- □ 学生 학생
- □ 時代 시절
- □ リサイクルショップ 재활용센터
- □ 買う 사다

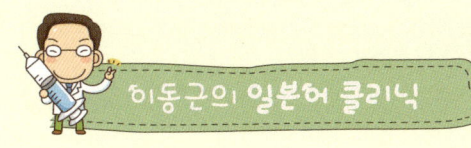

문장으로 보면 재활용(再活用), 재사용(再使用), 재이용(再利用)이 이해될 수도 있겠지만, 再活用은 일본 사전에 실려 있지 않은 단어입니다. 그 외에 외래어로 "リユース, リサイクル"이 있는데, 일상에서는 압도적으로 "リサイクル"이 사용되고 있습니다.

- 牛乳(ぎゅうにゅう)パックをリサイクルして、ハガキ・封筒(ふうとう)・便箋(びんせん)などを作(つく)った。
  우유 팩을 재활용하여 엽서, 봉투, 편지지 등을 만들었다.

- プラスチックや空(あ)き缶(かん)などは、資源(しげん)として再利用(さいりよう)されています。
  플라스틱이나 빈 캔 등은, 자원으로서 재활용되고 있습니다.

일본의 재활용마크(リサイクルマーク)의 예

중고물품을 수거하여 청소 및 수리 후 싼 값에 다시 판매하는 "재활용센터"는 일본에서 "リサイクルショップ"이라 하며, "リサイクル店(てん)(センター)"이라고도 합니다.

※ 다음 일본어 가운데 틀린 곳을 찾아 보세요!

エアアジア(Air Asia)はマレーシアに本社(ほんしゃ)を置(お)いている低価(ていか)航空会社(こうくうがいしゃ)です。

해답은 다음페이지에

저가항공사

NO エアアジア(Air Asia)はマレーシアに本社(ほんしゃ)を置(お)いている低価航空会社(ていかこうくうがいしゃ)です。

YES エアアジア(Air Asia)はマレーシアに本社を置いている格安航空会社(かくやすこうくうがいしゃ)です。

에어 아시아(Air Asia)는 말레이시아에 본사를 두고 있는 저가항공사입니다.

Words Check
- □ マレーシア 말레이시아
- □ 本社(ほんしゃ) 본사
- □ 置(お)く 두다
- □ 格安(かくやす) 저가
- □ 航空(こうくう) 항공
- □ 会社(かいしゃ) 회사

히동근의 일본어 클리닉

싼 값(安い値段)을 의미하는 "저가(低価)"는 일본에서는 거의 사용되지 않는 단어입니다. 같은 의미의 단어가 많은 것도 있지만, 무엇보다도 정가(定価)와 발음이 같기 때문으로 보입니다.

- その店はほとんどの商品をていかで売っています。
  그 가게는 거의 모든 상품을 [정가/저가]에 팔고 있습니다.

같은 발음이라 귀로 들었을 때는 알 수가 없습니다. 그런 연유로 "ていか"는 거의 定価의 의미로 사용하며, "저가"는 "安価" 혹은 "低価格"으로 표현하고 있습니다.

- 良い商品を安価で販売しているので、次回も購入しようと思います。
  좋은 상품을 저가(싼 값)에 판매하고 있어, 다음에도 구입하려고 합니다.

- 中国製品は圧倒的な低価格を武器に、世界市場を支配している。
  중국 제품은 압도적인 저가를 무기로, 세계 시장을 지배하고 있다.

그런데 일본어에는 "싸다(安い), 저렴하다(低廉だ)"로 해석되는 일상어가 또 하나 있는데, 형용동사 "格安"가 그것입니다.

- 格安料金でこんなにステキなホテルに泊まれるとは思わなかった。
  값싼 요금으로 이렇게 멋진 호텔에 묵을 수 있으리라고는 생각하지 않았다.

- バンコクの物価はタイの中で高いといっても、日本よりは格安です。
  방콕의 물가는 태국 안에서 비싸다고 해도 일본보다는 저렴합니다.

그리고 이 "格安"를 "저가"라고 해석하는 예가 있는데, 예문의 "저가항공사"와 "저가항공권"의 경우 일본어로 "格安航空"이라고 하기 때문입니다.

- 昨年夏、夫婦で初めて海外旅行をした時に格安航空券を利用しました。
  작년 여름 부부가 처음으로 해외여행을 했을 때에 저가항공권을 이용했습니다.

제2장 일본에는 없는 단어 281

韓国の格安航空会社 エアプサン(Air Busan)
（かんこく）（かくやすこうくうがいしゃ）

최근에는 "저가항공사"를 "저비용항공사"라고도 표현하고 있는데, 일본어는 그 영향을 받지 않으며, 그대로 "格安航空会社"를 사용하면 됩니다. 다만 영어를 그대로 사용하여 "ローコストキャリア(low-cost carrier)"라고 부르는 경향이 많아지고 있습니다.

이동근 샘의 +Plus 일본어 문진 처방

Q : 선생님, 우리나라에서는 비행기나 헬기 등을 말할 때 1대, 2대와 같이 대(臺)를 사용하는데요. 일본에서도 비행기를 말하는 단위 표현이 동일한가요?

A : 네. 차나 기계, 악기 따위를 세는 단위인 우리말 대(臺)는 일본에서는 신자체인 台를 사용하고 있으며, 많은 경우에서 일치합니다. 그런데, 우리나라에서는 비행기의 경우 "기(機)" 외에도 "한 대, 두 대" 하고 셀 수 있지만 일본에서는 "台"가 아닌 "機"를 사용하여 나타낸다는 것을 알아두세요!

- 音楽室には電子オルガンとグランドピアノがそれぞれ1台ずつあります。
  음악실에는 전자 오르간과 그랜드 피아노가 각각 1대씩 있습니다.

- ソウル市では、現在300万台の自動車が街を走っている。
  서울시에서는 현재 300만대의 자동차가 거리를 달리고 있다.

- 彼は第2次世界大戦中、10回の空中戦に出撃し、敵機8機を撃墜した。
  그는 제2차 세계대전 중, 열 번의 공중전에 출격하여, 적기 8대를 격추했다.

- A新聞は、取材用ヘリ3機と飛行機1機を所有している。
  A신문은, 취재용 헬기 석 대와 비행기 한 대를 소유하고 있다.

※ 다음 일본어 가운데 틀린 곳을 찾아 보세요!

学生にとって最も重要な資格証明は、大学の卒業状である。

해답은 다음페이지에

졸業状

NO 学生にとって最も重要な資格証明は、大学の卒業状である。

YES 学生にとって最も重要な資格証明は、大学の卒業証書である。

학생에게 있어서 가장 중요한 자격증명은, 대학의 졸업장이다.

Words Check
- 学生 학생
- 最も 가장
- 重要 중요
- 資格 자격
- 証明 증명
- 大学 대학
- 卒業証書 졸업증서

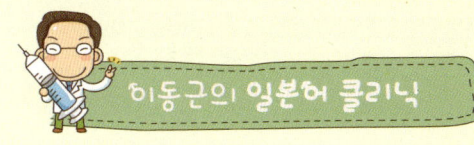

장(状)은 '증서' 또는 '편지'의 뜻을 더하는 접미사입니다. 소개장(紹介状), 위임장(委任状), 초대장(招待状), 추천장(推薦状) 등 대다수 단어가 한일 공통으로 사용됩니다. 다만, 차이는 일본에서는 신자체인 "状"을 사용한다는 점입니다.

그런데, 졸업장(卒業狀)을 일본에서는 "卒業証書"라고 합니다.

- 式では、校長先生が卒業生一人一人に卒業証書を授与しました。
  식에서는 교장선생님이 졸업생 한 사람 한 사람에게 졸업장을 수여했습니다.

- 容疑者の部屋には偽造された運転免許証、大学卒業証書などがあった。
  용의자의 방에는 위조된 운전 면허증, 대학 졸업장 등이 있었다.

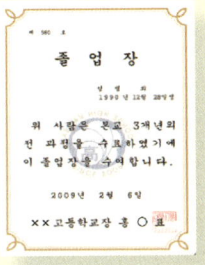
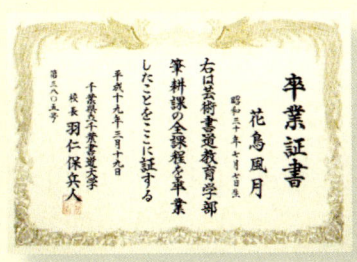

※ 다음 일본어 가운데 틀린 곳을 찾아 보세요!

私が働く自動車業界では週5日勤務制が一般的です。

해답은 다음페이지에

제2장 일본에는 없는 단어   285

주5일 근무제

NO 私が働く自動車業界では週5日勤務制が一般的です。

YES 私が働く自動車業界では週休2日制が一般的です。

제가 일하는 자동차 업계에서는 주 5일 근무제가 일반적입니다.

Words Check
- 働く 일하다
- 自動車 자동차
- 業界 업계
- 週休2日制 주 5일 근무제
- 一般的 일반적

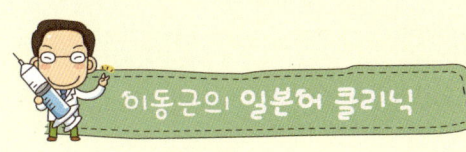

예전에 월요일~금요일 및 토요일 오전 근무를 하던 것이 지금은 월요일~금요일만(토요일과 일요일 휴무) 근무하게 되었으며, "주5일 근무제"라고 합니다. 이 제도는 이미 선진국에서 시행되고 있었으며, 용어로서 정착되지 않아 "주5일제", "주5일제 근무" 등 여러 가지 말로 표현되고 있지만, 주로 근무일인 "5일"이 중심이 되어 있습니다.

그러나 일본에서는 휴일인 "2일"이 중심이 되어 "週休二日制"라는 표현이 정착되어 있지만, "週五日制"라는 표현도 사용합니다. (한자 외에도 아라비아 숫자를 사용)

● 日本に完全週休二日制が定着してから20年ぐらいになります。
　일본에 완전 주5일 근무제가 정착된 지 20년쯤이 됩니다.

다만, 학교의 경우 휴일이 주 2일이 되는 것보다 "수업일이 주 5일이 된다"는 점을 전면에 내세워, "週 5 日制"라는 표현을 사용하고 있습니다.

● 学校週 5 日制は、子どもたちに「ゆとり」をという趣旨で導入された。
　학교 주 5일제는, 아이들에게 "여유"를 주자는 취지로 도입되었다.

※ 다음 일본어 가운데 틀린 곳을 찾아 보세요!

同じ市内にかけるときは、地域番号を押す必要がありません。

해답은 다음페이지에

제2장 일본에는 없는 단어

지역번호

NO 同じ市内にかけるときは、地域番号を押す必要がありません。

YES 同じ市内にかけるときは、市外局番を押す必要がありません。

같은 시내에 걸 때는 지역번호를 누를 필요가 없습니다.

Words Check
- □ 同じ 같다
- □ 市内 시내
- □ かける 걸다
- □ 市外 시외
- □ 局番 국번
- □ 押す 밀다
- □ 必要 필요

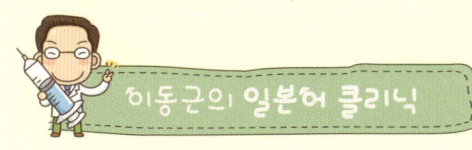

앞서 비밀번호(p234) 편에서 우편번호, 전화번호, 좌석번호처럼 한국어와 일본어는 대체로 직역이 가능하다고 했습니다.

- 資料をご希望の方は、必ず住所と郵便番号をご記入ください。
  자료를 희망하시는 분은, 반드시 주소와 우편번호를 기입해 주십시오.

그런데, 지역번호(area code)란 시외통화 시 통화권이 서로 다른 지역을 구분하기 위해 부여된 번호를 말하는데, 일본에서는 이를 "市外局番"이라고 합니다.

- 全国の県庁所在地の市外局番はほとんどが三桁です。
  전국의 현청소재지의 지역번호는 거의 대부분이 세 자리수입니다.

- まず、ご連絡先のお電話番号を市外局番から入力してください。
  먼저 연락처의 전화 번호를 지역번호부터 입력해 주십시오.

- 市外局番＋「177」で、その地域の天気予報が聞くことができる。
  지역번호 + "177"로 그 지역의 일기예보를 들을 수가 있다.

※ 다음 일본어 가운데 틀린 곳을 찾아 보세요!

カナダ最大の都市トロントは、寒い冬に備え、地下商店街が発達している。

해답은 다음페이지에

지하상가

NO カナダ最大の都市トロントは、寒い冬に備え、地下商店街が発達している。

YES カナダ最大の都市トロントは、寒い冬に備え、地下街が発達している。

캐나다 최대의 도시 토론토는, 추운 겨울에 대비하여 지하상가가 발달했다.

Words Check
- □ カナダ 캐나다
- □ トロント 토론토
- □ 寒い 춥다
- □ 冬 겨울
- □ 備える 대비하다
- □ 地下街 지하상가
- □ 発達 발달

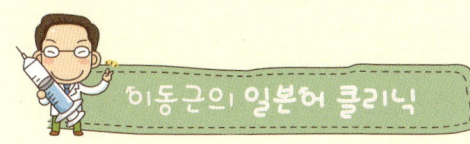

"상가(商街)"란 상점들이 죽 늘어서 있는 거리를 말하는데, 일본에서는 이와 같은 거리를 "商店街(しょうてんがい)"라고 합니다.

- 駅周辺にはコンビニや商店街があるため生活するには便利です。
  역 주변에는 편의점이나 상가가 있기 때문에 생활하기에는 편리합니다.

따라서 "지하상가"를 "地下商店街"라고 표현할 수도 있겠지만, 지하통로에 면한 상가를 일본에서는 흔히 "地下街"라고 부르고 있습니다.

- 先週発生した水害では、明洞駅周辺の地下街が大いに被害を受けた。
  지난 주에 발생한 수해에서는, 명동역 주변의 지하상가가 크게 피해를 보았다.

- 日本以外でも地下街があるのは韓国ぐらいで、欧米にはほとんどない。
  일본 이외에서도 지하상가가 있는 곳은 한국 정도이며, 구미에는 거의 없다.

참고로, 주로 전기제품, 전자부품 등을 판매하는 소매점이 집중한 지역을 "전자상가"라고 부르고 있는데, 일본에서는 이를 "電気街"라고 합니다.

- 北京の「中関村」は、日本の秋葉原のような電気街として有名です。
  베이징의 "중관촌"은 일본의 아키하바라와 같은 전자상가로서 유명합니다.

※ 다음 일본어 가운데 틀린 곳을 찾아 보세요!

そのコースは、初めてスキーを習う初歩者にはとても難しいです。

해답은 다음페이지에

초보자

NO そのコースは、初めてスキーを習う初歩者には
とても難しいです。

YES そのコースは、初めてスキーを習う初心者には
とても難しいです。

그 코스는, 처음으로 스키를 배우는 초보자에게는 매우 어렵습니다.

Words Check
- □ コース 코스
- □ 初めて 처음으로
- □ スキー 스키
- □ 習う 배우다
- □ 初心者 초심자
- □ 難しい 어렵다

초보(학문이나 기술 따위를 익힐 때의 그 처음 단계나 수준)와 초심(처음에 먹은 마음)은 일본어로 각각 "初歩"와 "初心"입니다.

- 試験の出題範囲は、不動産実務に関する初歩的な内容です。
  시험의 출제 범위는, 부동산 실무에 관한 초보적인 내용입니다.

- 初心を忘れないように、今もその写真を大事にしています。
  초심을 잊지 않게, 지금도 그 사진을 소중히 하고 있습니다.

국어사전에 "초보자"를 "초보 단계에 있는 사람"으로, "초심자"를 "어떤 일을 처음 배우거나 그 일에 익숙하지 않은 사람"으로 사전에 설명되어 있습니다. 어쨌건 이 두 단어에 해당하는 일본어는 "初心者(혹은 ビギナー)"라고 합니다.

- 区民会館では初心者を対象に基本的なダンスを教えます。
  구민회관에서는 초보자를 대상으로 기본적인 댄스를 가르칩니다.

- 実は、チーズは初心者でも簡単に作ることができます。
  실은 치즈는 초보자라도 간단히 만들 수가 있습니다.

참고로, 일상에서 많이 사용하는 "素人"는 여러 뜻을 가진 단어인데, 그 중 대표적인 용법이 바로 "초보자" 입니다. 우리말로 "풋내기" 혹은 "초짜" 정도로 해석되는 말입니다.

*다음 일본어 가운데 틀린 곳을 찾아 보세요!

免許を取って間もない初歩運転者による事故率が非常に高いです。

해답은 다음페이지에

초보운전자

NO 免許を取って間もない初歩運転者による事故率が非常に高いです。

YES 免許を取って間もない初心運転者による事故率が非常に高いです。

면허를 딴 지 얼마 되지 않은 초보운전자에 의한 사고율이 매우 높습니다.

Words Check
- 免許 면허
- 取る 따다
- 間もない 얼마 되지 않다
- 初心運転者 초보운전자
- 事故率 사고율
- 高い 높다

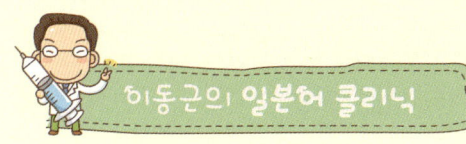

앞에서 설명한 "초보자"와 더불어 자동차에서 말하는 "초보운전자"도 일본에서는 "初心運転者(しょしんうんてんしゃ)"라고 부릅니다.

- 1年未満の初心運転者による事故がたいへん多く発生している。
  1년 미만의 초보운전자에 의한 사고가 아주 많이 발생하고 있다.

우리나라에서는 "초보운전" 표시 의무가 없어졌지만, 일본에서는 면허 취득 후 1년까지 앞뒤 눈에 잘 띄는 부분에 반드시 부착할 의무가 있습니다. 정식 명칭은 "初心運転者標識(しょしんうんてんしゃひょうしき)"인데, 일반적으로 "若葉(わかば)マーク" 혹은 "初心者マーク"라고 불리고 있습니다.

初心運転者標識(若葉マーク、初心者マーク)

- 車の運転はまだ初心者なので、車で行こうか電車で行こうか悩んでいます。
  차 운전은 아직 초보자이므로, 차로 갈까 전철로 갈까 고민하고 있습니다.

자가진단

★ 다음 일본어 가운데 틀린 곳을 찾아 보세요!

KTXの一般室(いっぱんしつ)はすでに満席(まんせき)で、特室(とくしつ)しか残(のこ)っていなかった。

해답은 다음페이지에

특실

NO ＫＴＸの一般室（いっぱんしつ）はすでに満席（まんせき）で、特室（とくしつ）しか残（のこ）っていなかった。

YES ＫＴＸの普通車（ふつうしゃ）はすでに満席で、グリーン車（しゃ）しか残っていなかった。

KTX의 일반실은 이미 만석이었으며 특실밖에 남아 있지 않았다.

Words Check
- 普通車（ふつうしゃ） 일반실
- すでに 이미
- 満席（まんせき） 만석
- グリーン車（しゃ） 특실
- 残（のこ）る 남다

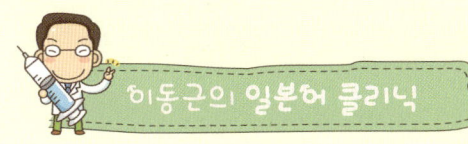

병원, 기차, 기선, 호텔 등에 마련한 가장 좋은 방을 "특실(특등실)"이라고 합니다. 기차의 경우 침대차가 아닐 때는 그 칸 전체를 일컫는 말이 됩니다. 이에 대비되는 특별하지 않는 방을 "일반실"이라고 합니다.

일본의 경우 기차의 특실을 "グリーン車"라고 하며, 일반실을 "普通車"라고 합니다. 유람선 등에서는 "グリーン室"이라 하여, 추가요금을 받고 있습니다.

- 私の東京出張は前の会社の時からずっとグリーン車を利用しています。
  저의 도쿄 출장은 전 회사 때부터 쭉 특실을 이용하고 있습니다.

- 追加料金により、普通車からグリーン車への変更も可能です。
  추가 요금에 의해, 일반실에서 특실로 변경도 가능합니다.

그러나 호텔이나 병원 등의 "특실"은 일본에서 "特別室"라고 하며, 일반실은 우리와 같이 "一般室"이라고 합니다.

- 最上階には見晴らしのいい露天風呂付きの特別室があります。
  맨 위층에는 전망이 좋은 노천탕이 딸린 특실이 있습니다.

- 特別室に入る場合、健康保険が適用される一般室との差額を自己負担する。
  특실에 들어갈 경우, 건강보험이 적용되는 일반실과의 차액을 자기 부담한다.

*다음 일본어 가운데 틀린 곳을 찾아 보세요!

この会社は、廃紙を再利用した様々な製品を開発しています。

해답은 다음페이지에

폐지

NO この会社は、廃紙を再利用した様々な製品を開発しています。

YES この会社は、古紙を再利用した様々な製品を開発しています。

이 회사는, 폐지를 재활용한 여러가지 제품을 개발하고 있습니다.

Words Check
- □ 会社 회사
- □ 古紙 폐지
- □ 再利用 재활용
- □ 様々 여러가지
- □ 開発 개발

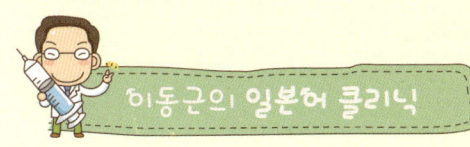

쓰고 버린 종이를 "폐지(廢紙)"라 하며, 주로 신문지, 잡지, 종이박스 등 재활용 하는 종이를 지칭하는 일이 많은데, 일본에서는 이러한 종이를 "古紙"라고 합니다.

- その老人は段ボールを集め、古紙回収業者に売って生計を立てていた。
  그 노인은 박스를 모아 폐지수거업자에게 팔아 생계를 꾸려나가고 있었다.

- 空き瓶や古紙を拾って、やっとの思いで生きている人達もいます。
  빈 병이나 폐지를 주워, 근근이 살아가는(목숨을 부지하는) 사람들도 있습니다.

リヤカーを引いて空き缶、古紙などを回収する生徒たち
리어카를 끌며 빈 캔, 폐지 등을 수거하는 학생(중학생)들

※ 다음 일본어 가운데 틀린 곳을 찾아 보세요!

西洋人(肉食の人種)は腸が短いので、上体が短く下体が長い。

해답은 다음페이지에

하체

NO 西洋人(肉食の人種)は腸が短いので、上体が短く下体が長い。

YES 西洋人(肉食の人種)は腸が短いので、胴体が短く足が長い。

서양인(육식 인종)은 장이 짧으므로, 상체가 짧고 하체가 길다.

Words Check
- 西洋人 서양인
- 肉食 육식
- 人種 인종
- 腸 장
- 短い 짧다
- 胴体 상체
- 足 다리, 하체
- 長い 길다

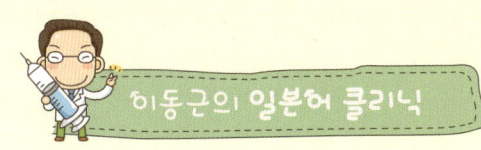

채식을 위주로 하는 동양인은 육식을 위주로 하는 서양인에 비해 장의 길이가 훨씬 길며, 이 때문에 상체가 길고 하체가 짧은 몸의 구조를 지니게 되었다고 합니다.

"상체(上體)"와 "하체(下體)"는 사람의 몸을 둘로 구분할 때 사용하는 말인데, 일상에서 흔히 사용됩니다. 그런데 일본어에는 "상체"라는 한자어는 있지만 "하체"는 없습니다.

- マットの上に両足を伸ばして、上体を起こして座る。
  매트 위에 양 다리를 뻗고, 상체를 일으키고 앉다.

- 息子を呼んで上体起こしをやってみたが腹筋が痛かった。
  아들을 불러 윗몸 일으키기를 해 보았는데 복근이 아팠다.

"上体" 또한 일상어인 우리말과 달리, 그 용법이 일으키거나(起こす) 굽히거나 (曲げる) 하는 일부 동작에 국한되어 사용되는 말입니다.

- 上半身に比べて下半身が太いというのは一般的な韓国人体型なのです。
  상체에 비해 하체가 굵다고 하는 것은 일반적인 한국인 체형입니다.

상체와 하체의 가장 일반적인 표현은 "上半身"과 "下半身" 입니다. 물론 이를 "상반신", "하반신"이라 해석할 수도 있지만, 일본어는 일상어라고 할 수 있습니다.

- 下半身太りは女性の悩みのトップ3に入ってる深刻な問題です。
  하체비만은 여성 고민의 3위 안에 들어 있는 심각한 문제입니다.

우리말 "상체"로 해석할 수 있는 말에 "몸통(胴、どう)"이 있으며, 한자어 "동체(胴体)" 또한 일본에서는 사람에게도 흔히 사용하는 말입니다.

- 私だって身長の割に胴が長いです。
  저 또한 키에 비해 상체가 깁니다.

- 足が長い人は、座高が低いですから、胴体が短い可能性はあります。
  다리(하체)가 긴 사람은 앉은키가 작으니까, 상체가 짧을 가능성은 있습니다.

하체의 경우 위와 같이 "다리" 외에 한자어 "下肢"를 알아둘 필요가 있습니다. 이 단어는 우리나라에서는 "下肢静脈瘤" 등 병원에서 많이 사용되고 있습니다.

- 100年前の日本人の身体の特徴は下肢が短く、胴の長い体型をしていた。
  100년 전의 일본인 신체의 특징은 하체가 짧고, 상체가 긴 체형을 가졌었다.

또 하나 "하체"로 해석할 수 있는 단어가 "足腰(다리와 허리)" 입니다.

- 足腰を鍛えておくことが肥満だけでなく老化防止につながります。
  하체를 단련해 두는 것이 비만뿐만 아니라 노화 방지로 이어집니다.

이동근 샘의 +Plus 일본어 문진 처방

Q : 선생님, 우리나라에서는 친구나 아는 사람이 많거나 이곳저곳을 두루 알고 있는 사람한테 '발이 넓다'라고 발을 사용하여 표현하잖아요. 그런데 일본도 우리처럼 '발이 넓다'라고 말하나요?

A : 네. 좋은 질문입니다. 하지만 조금 다르답니다. '발이 넓다'를 직역하면 "足が広い"이지요? 이것을 일본에서는 말 그대로 발(의 폭)이 넓은 것을 의미합니다. 우리처럼 '교제 범위가 넓어 여러 방면의 사람을 알고 있다'라는 의미를 말하고 싶을 때는 "顔が広い"라고 한답니다. 발 대신 얼굴(顔)이라고 외워두면 되겠죠?

- 彼はこの業界では知らない人はいないほど顔が広い人だった。
  이 업계에서는 모르는 사람은 없을 만큼 마당발(발이 넓은 사람)이었다.

- 先生はとても顔が広い方です。
  선생님은 무척 발이 넓으신 분입니다.

※ 다음 일본어 가운데 틀린 곳을 찾아 보세요!

学点制ですので、卒業に必要な学点数を取得すれば卒業できます。

해답은 다음페이지에

학점

NO 〈がくてんせい〉学点制ですので、卒業に必要な〈がくてんすう〉学点数を取得すれば卒業できます。

YES 〈たんいせい〉単位制ですので、卒業に必要な単位数を取得すれば卒業できます。

학점제이므로, 졸업에 필요한 학점 수를 취득하면 졸업할 수 있습니다.

Words Check
- □ 単位(たんい) 학점
- □ 制(せい) 제도
- □ 卒業(そつぎょう) 졸업
- □ 必要(ひつよう) 필요
- □ 数(すう) 수
- □ 取得(しゅとく) 취득
- □ 卒業(そつぎょう) 졸업

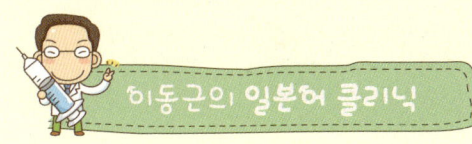

"학점(學點)"이란 대학 또는 대학원에서 학생의 학과 이수를 계산하는 단위를 말하는데, 일본에는 이 한자어가 없습니다. 일본에는 이때 "単位"라는 한자어를 사용합니다. 즉 일본어 "単位"는 우리말 "단위"보다 뜻이 크다고 하겠습니다.

- それはパックで10個単位で売っている。もちろんバラでも購入できる。
  그것은 팩으로 10개 단위로 팔고 있다. 물론 낱개로도 구입할 수 있다.

- 火災保険は１年単位で契約可能だが、途中解約でも払い戻しはない。
  화재보험은 1년 단위로 계약 가능하지만, 중도 해지라도 환불은 없다

일본어 "単位"는 우리말 "단위"의 뜻으로도 정말 다양하게 쓰이는 말입니다. 그 외 "학점"으로 해석되는 예는 이미 다뤄진 내용입니다.

- 試験で単位を取れなくて留年する学生は、ほんのわずかだけどいる。
  시험에서 학점을 따지 못해 유급하는 학생은, 얼마 안 되지만 있다.

대학 등에서 성적이 낙제점일 때, "F학점"이라고 하며, 아주 형편 없는 것을 나타낼 때도 사용하는 말입니다. 그렇다고 일본에서는 "F単位"라고 하지 않습니다.

- 彼は大学時代、単位を落としたことも再試験を受けたこともない。
  그는 대학시절 F학점을 받은 적도 재시험을 본 적도 없다.

※ 다음 일본어 가운데 틀린 곳을 찾아 보세요!

核武器はもう作ってもいけないし、使ってもいけないと思う。

해답은 다음페이지에

핵무기

NO 核武器はもう作ってもいけないし、使ってもいけないと思う。

YES 核兵器はもう作ってもいけないし、使ってもいけないと思う。

핵무기는 이제 만들어서도 안 되고 사용해서도 안 된다고 생각한다.

 核兵器 핵무기   作る 만들다   使う 사용하다

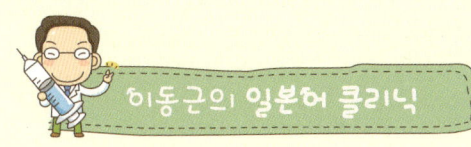

원자폭탄이나 수소폭탄 따위의 핵반응으로 생기는 힘을 이용한 무기를 "핵무기"라고 하는데, 이러한 무기를 일본에서는 "核兵器"라고 합니다. 일본어의 사전적 풀이는 "核反応を利用した、強大な破壊力をもつ兵器。"인데 "무기"대신 "兵器"가 사용되고 있습니다.

- 北朝鮮が核実験に成功し、核兵器保有を宣言した。
  북한이 핵실험에 성공하여, 핵무기 보유를 선언했다.

이렇듯 전쟁에 사용되는 기구를 우리나라에서는 "무기", 일본에서는 "兵器"라는 단어가 압도적으로 많이 사용되므로 참고 바랍니다. 다만, 어떤 일을 하기 위한 유력한 수단을 나타내는 "무기"의 의미에서는 일본어 역시 "武器"를 사용합니다.

- 「女の武器」といえば昔からよく言われているのが「涙」です。
  "여자의 무기"라고 하면 예로부터 자주 말을 듣는 것이 "눈물"입니다.

자가진단

※ 다음 일본어 가운데 틀린 곳을 찾아 보세요!

ホテルの近くに 銀行や現金支給機はありますか?

해답은 다음페이지에

현금지급기

NO ホテルの近くに銀行や現金支給機はありますか？

YES ホテルの近くに銀行やＡＴＭはありますか？

호텔 가까이에 은행이나 현금지급기는 있습니까?

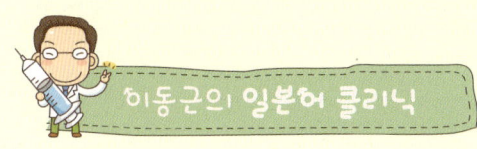

창구를 이용하지 않고 자신의 계좌(口座)에서 현금을 자동으로 뽑을 수 있는 기계를 흔히 "현금인출기" 혹은 "현금자동지급기"라고 합니다. 실생활에서는 "현금지급기"라는 말로 많이 사용하고 있습니다.

"현금인출기"는 "現金引き出し機"라고 하며, 같은 말인 "현금자동지급기"는 일본어로 "現金自動支払い機"라고 합니다. 그런데, 이 두 기계는 초기 형태로 현금의 인출과 잔액조회만을 할 수 있는 기계이며, CD(Cash dispenser)라고 불리고 있습니다.

"現金引き出し機"와 "現金自動支払い機"는 현재 일본 내에서는 거의 볼 수 없지만, 이러한 기계가 사용되고 있는 나라에 대해 논할 때 이 단어가 사용되고 있으므로, 알아 둘 필요는 있습니다. 다만, "現金引出機" 혹은 "現金自動支払機"라고도 표기하는 경우가 있는데, 이때 발음은 같으므로 참고 바랍니다.

지금은 예금, 인출, 송금, 잔액조회 등 다양한 기능을 가진 기계가 나와 있으며, 일본에서는 이 기계를 "エーティーエム(ATM)"라고 부르며, 일본어로는 "現金自動預け払い機"라고 합니다.

할인매장에 있는 각 은행의 ATM

그런데 우리나라에서는 이러한 기계를 "현금인출기" 혹은 "현금자동지급기"라고 부르고 있으며, 일본은 CD를 포함한 모든 기계를 "ATM"이라고 부르고 있습니다.

● コンビニで現金自動預払機を利用したことはありますか?
편의점에서 현금 자동지급기를 이용한 것은 있습니까?

● ハワイのＡＴＭは24時間引き出し可能で、時間外手数料がかからない。
하와이의 현금지급기는 24시간 인출이 가능하고, 시간외 수수료가 들지 않는다.

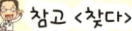 참고 <찾다>

예금(預金)은 한자 그대로 "돈을 맡기다(お金を預ける)"이다. 그 예금을 다시 돌려받을 때, 예금을 "인출하다(引き出す)" 혹은 "찾다"라고 한다. "인출"이 일본어에서 따온 한자어임을 알 수 있다.

같은 말인 "찾다"는 일본어로 수 많은 동사로 변환되므로 정말 잘 틀리는 단어다.
대표적인 것 몇 가지 공부해 보기로 하자.

- 手持ちのお金がなくなったので、ＡＴＭで３万円下ろした。(＝引き出す)
  손에 가진 돈이 없어졌기 때문에, 현금인출기에서 3만엔 찾았다.

- 私は慌ててコンビニに戻り、財布を捜したのだが見つからなかった。
  나는 황급히 편의점에 돌아와, 지갑을 찾았지만 찾지 못했다(보이지 않았다).

- 午後４時に彼の家を訪ねたが、彼は留守だった。(＝訪問する)
  오후 4시에 그의 집을 찾았지만, 그는 출타 중이었다.

- 単語の意味がわからない時は辞書を引いた方がよい。(＝辞書で調べる)
  단어의 의미를 알 수 없을 때는 사전을 찾는 것이 좋다.

- 旅券は、年齢に関係なく必ず本人が受け取りに来てください。(＝取る)
  여권은, 연령에 상관없이 반드시 본인이 찾으러 와 주십시오.

 자가진단

※ 다음 일본어 가운데 틀린 곳을 찾아 보세요!

両親は自分の携帯電話から、子供の現位置を確認することができる。

해답은 다음페이지에

현위치

NO 両親(りょうしん)は自分(じぶん)の携帯電話(けいたいでんわ)から、子供(こども)の現位置(げんいち)❌を確認(かくにん)することができる。

YES 両親(りょうしん)は自分(じぶん)の携帯電話(けいたいでんわ)から、子供(こども)の現在地(げんざいち)を確認(かくにん)することができる。

부모는 자신의 휴대전화로, 아이의 현위치를 확인할 수 있다.

Words Check
- 両親(りょうしん) 부모
- 自分(じぶん) 자신
- 携帯電話(けいたいでんわ) 휴대전화
- 子供(こども) 아이
- 現在地(げんざいち) 현위치
- 確認(かくにん) 확인

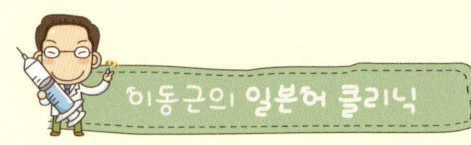

"현위치"는 국어사전에 나와 있지 않은 단어지만, "현재위치(現在位置)"를 줄인 말로 특히 안내지도 등에 많이 사용되고 있습니다.

- 地図上の赤色の丸印が現在位置を示しています。
  지도상의 빨간색 원 표시가 현재위치를 나타내고 있습니다.

그러나 일본에서는 "現在位置"와 더불어 "現在地"가 안내지도 등에 많이 사용되고 있습니다. 사전적 뜻은 "人が現在いる地点。また、物が現在ある場所。"입니다.

- とりあえずコンビニで水を買い、ついでに現在地を聞いてみた。
  우선 편의점에서 물을 사고, 그런 김에 현위치를 물어 보았다.

※ 다음 일본어 가운데 틀린 곳을 찾아 보세요!

料理中は、湿度が上がるので、換風機を忘れずに回してください。

해답은 다음페이지에

제2장 일본에는 없는 단어　313

環風機

NO 料理中は、湿度が上がるので、✗換風機を忘れずに回してください。

YES 料理中は、湿度が上がるので、換気扇を忘れずに回してください。

요리 중엔 습도가 오르므로 환풍기를 잊지 말고 돌려 주십시오.

Words Check
- 料理 요리
- 湿度 습도
- 上がる 오르다
- 換気扇 환풍기
- 忘れる 잊다
- 回す 돌리다

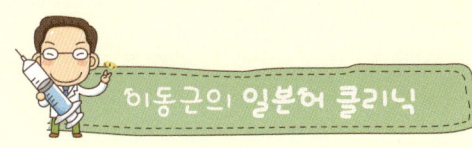

"선풍기, 송풍기, 온풍기, 냉풍기" 등 수많은 기계가 한국과 일본에서 공통적인 이름으로 사용되고 있습니다. 이는 일본어가 쉽게 느껴지는 이유이기도 합니다.

● 最近エアコンよりも消費電力が少ない扇風機の需要が増えている。
　최근에 에어컨보다도 소비 전력이 적은 선풍기의 수요가 증가하고 있다.

<扇風機>
선풍기

<換気扇>
환풍기

그러나 환기나 습기 제거를 위해 실내의 더러워진 공기를 배출하는 전기기구인 "환풍기(換風機)"는 일본에서 "換気扇"이라고 합니다.

● 必ず窓を開け、換気扇をつけて、ゴム手袋をつけて掃除すること。
　반드시 창문을 열고, 환풍기를 틀고, 고무 장갑을 끼고 청소할 것.

※ 다음 일본어 가운데 틀린 곳을 찾아 보세요!

ノートブックは持ち運びが便利で様々な場所で利用できます。

해답은 320페이지에

제2장 일본에는 없는 단어

연습문제

❖ 다음 한국어에 대한 작문에서 잘못된 일본어 단어는 무엇인가?

1   코스는 초등학생, 중학생, 고등학생, 대학생으로 나뉘어 있습니다.
　　→ コースは<u>小学生</u>、<u>中学生</u>、<u>高等学生</u>、<u>大学生</u>と分かれています。
　　　　　　　①　　　　　②　　　　　③　　　　　④

　　① 小学生　　② 中学生　　③ 高等学生　　④ 大学生

❖ 다음은 위의 한국어를 일본어로 고친 문장이다. 밑줄 부분의 뜻으로 (　) 속에 들어갈 일본어로 적당치 못한 단어는 어느 것인가?

2   미국의 야구장은 그라운드와 <u>관중석</u>의 거리가 가깝습니다.
　　→ アメリカの野球場は、グラウンドと(　　　)の距離が近いです。

　　① 観衆席　　② 観覧席　　③ 観客席

❖ 다음 괄호 속에 일본어로서 적당하지 못한 단어는 어느 것인가?

3   그녀는 1978년에 어느 ○○○와 결혼했지만, 1980년에 이혼했다.
　　→ 彼女は1978年にある(　　　)と結婚したが、1980年に離婚した。

　　① 銀行家　　② 銀行長　　③ 銀行員

4   대학병원에서 정밀검사를 했더니, 역시 진단 결과는 ○○암이었다.
　　→ 大学病院で精密検査したところ、やはり診断結果は(　　　)癌だった。

　　① 大腸　　② 子宮　　③ 乳房　　④ 皮膚

제2장 일본어에 없는 단어

❖ 다음 5~11번 예문 속에서 일본어로서 부적절한 표현이 있다면 찾아서 바르게 고치시오.

5　インドの小学校は校服があるところがほとんどです。
　　（　　　）

6　簡単な証明書なら区庁へ行かなくても取ることができます。
　　（　　　）

7　お酒を飲んだ時は必ず代理運転を利用しましょう。
　　（　　　）

8　香港はさまざまな種類の大衆交通機関が発達している。
　　（　　　）

9　ソウル駅から乗せた客がタクシー強盗に突変した。
　　（　　　）

10　カウンターで注文して、番号票を持って席で待つ。
　　（　　　）

11　建物内に入るには秘密番号を押してドアを開けなければならない。（　　　）

Chapter 3

약어 및 외래어

일본어의 특징 중 하나는 말을 줄여서 사용하는 단어, 즉 "약어"가 무척 많다는 점입니다. 우리나라에서도 요즈음 "디카, 알바" 등 단어를 줄여 사용하거나, "얼짱, 몸짱, 품절녀, 차도남"의 경우처럼 신조어들이 많이 등장하지만, 일본어는 그 수가 우리말은 비교가 되지 않을 정도로 많다고 하겠습니다.

또 일본어의 특징 중 하나는 외래어를 많이 사용하며, 나아가 그 외래어를 줄여서 사용함으로써 독특한 자신의 언어문화를 만들어 나간다는 점입니다.

3장에서는 "외제, 항모" 처럼 우리나라와는 달리 사용되는 약어와 "리필, 케이블카" 처럼 직역을 하면 전하고자 하는 의미가 제대로 전달되지 않는 외래어를 위주로 소개하도록 하겠습니다.

Dr.Lee's Japanese Clinic

이 장에서는 "약어" 및 "외래어"를 사용함에 있어서, 우리말 습관으로 인해 틀릴 수 있는 용법에 대해 설명하고 있습니다.

정확히 전달되었으리라 믿는 자신의 일본어가 전혀 다른 의미로 상대가 받아들 일 수도 있다는 사실을 이 책을 접하기 전까지는 알 수가 없었을 것입니다.

왜 똑 같은 단어로 해석했는데 의사가 전달되지 않는가는 p356을 보면 그 이유를 알 수 있을 것입니다.

노트북

NO ノー~~トブック~~は持(も)ち運(はこ)びが便利(べんり)で様々(さまざま)な場所(ばしょ)で利用(りよう)できます。

YES ノートパソコンは持(も)ち運(はこ)びが便利(べんり)で様々(さまざま)な場所(ばしょ)で利用(りよう)できます。

노트북은 가지고 다니기가 편리하고 여러 장소에서 이용할 수 있습니다.

Words Check
- □ ノートパソコン 노트북
- □ 持(も)ち運(はこ)ぶ 들고 다니다
- □ 便利(べんり) 편리
- □ 様々(さまざま) 여러
- □ 場所(ばしょ) 장소
- □ 利用(りよう) 이용

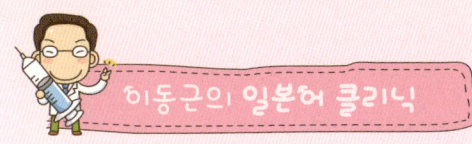

노트북을 언급하기 전에 다음을 보도록 합시다.
영어 computer는 우리나라에서는 "컴퓨터"라 하며, 일본에서는 "コンピュータ(ー)"라고 부릅니다. 영어 a personal computer는 "개인용 컴퓨터"라 하며 일상에서는 이를 줄인 PC라는 말을 많이 사용합니다. 일본에서는 그냥 영어 발음을 사용하여 パーソナルコンピューター라고 하며 일상에서는 PC 혹은 이를 줄인 "パソコン"이란 말을 주로 사용합니다.

이를 정리하면(사실상 같은 뜻)

```
컴퓨터        = コンピュータ(ー)
개인용 컴퓨터 = パーソナルコンピューター
PC           = PC 혹은 パソコン
```

이 되는데, 실제로는 "컴퓨터 = パソコン"로 많이 사용된다고 할 수 있습니다.

● 最近では1つの家庭で、複数のパソコンを持っている場合も多い。
최근에는 한 가정에서 여러 대의 컴퓨터를 갖고 있는 경우도 많다.

우리나라에서 말하는 "노트북"은 일본에서는 일반적으로 "ノートパソコン(혹은 ノートPC)"이라고 하며, 미국 등지에서는 "ラップトップ(Laptop)"이라고 합니다.

● 05年の中国ノートPC市場は、特にビジネス分野の見通しが明るい。
2005년의 중국 노트북 시장은 특히 비즈니스 분야의 전망이 밝다.

※ 다음 일본어 가운데 틀린 곳을 찾아 보세요!

今は角膜が薄い人でもラシック手術を受けることができる。

해답은 다음페이지에

라식 수술

NO 今は角膜が薄い人でもラシック手術を受けることができる。

YES 今は角膜が薄い人でもレーシック手術を受けることができる。

지금은 각막이 얇은 사람이라도 라식수술을 받을 수 있다.

Words Check
- ☐ 角膜 각막
- ☐ 薄い 얇다
- ☐ レーシック 라식
- ☐ 手術 수술
- ☐ 受ける 받다

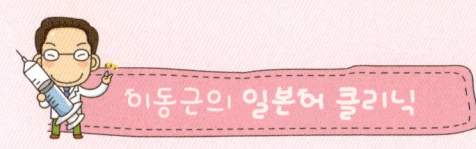

LASIK은 정식명칭인 Laser in Situ Keratomileusis의 약자이며, 레이저를 이용하여 각막을 뒤집은 후 뒷면을 깎아 굴절률을 조정함으로써 시력을 교정하는 수술이라고 합니다.

잘 알려진 수술이므로 설명은 생략하며, 여기서 소개하는 이유는 많은 한국사람들이 자신에게 일본어로 설명하면서 이 수술을 한국식 발음인 "ラシック手術"로 말했다는 어느 일본인의 지적이 있었기 때문입니다.

외래어이므로 한국과 같거나(audio, 오디오→オーディオ) 비슷한(video, 비디오→ビデオ) 발음도 많이 있겠지만, 받아들인 시대 및 그 배경에 따라 전혀 다른 (네덜란드→オランダ) 발음도 있습니다.

어쨌든 중요한 사실은 우리말은 우리나라에서 사용하는 외래어로, 일본어는 일본에서 사용하는 외래어로 정확히 발음해 줘야 상대가 알아듣는다는 것입니다. 오래전 필자에게도 "스티커"를 그냥 발음했다가 상대가 알아듣지 못한 경험이 있습니다.

나이프	→ ナイフ	마라톤	→ マラソン
빈(수도명)	→ ウィーン	모스크바	→ モスクワ
보드카	→ ウォッカ	맥도날드	→ マクドナルド
거스 히딩크	→ フース・ヒディンク	호나우두	→ ロナウド
백신	→ ワクチン	스티커	→ ステッカー

※ 다음 일본어 가운데 틀린 곳을 찾아 보세요!

最近中古住宅を購入し、リモデリングをする人が増えています。

해답은 다음페이지에

리모델링

NO 最近中古住宅を購入し、リモデリングをする人が増えています。

YES 最近中古住宅を購入し、リフォームをする人が増えています。

최근에 중고주택을 구입하여 리모델링을 하는 사람이 늘고 있습니다.

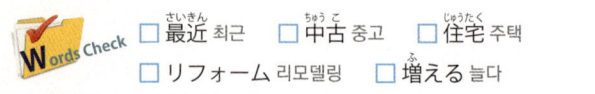

□ 最近 최근   □ 中古 중고   □ 住宅 주택
□ リフォーム 리모델링   □ 増える 늘다

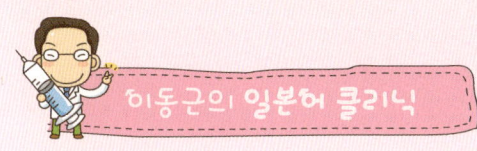

주택에 많이 사용되는 "리모델링"은 "~의 형태를 고치다"는 뜻의 영어인 "remodel"의 명사형을 외래어로 사용하는 경우일 것입니다.

우선 일본어로 고치는 가장 쉬운 방법은 한자를 사용하는 것인데, 이에 해당하는 한자어는 개조(改造)와 개축(改築)이 있습니다.

● その日は古いお城を改造したホテルに一晩泊まった。
　그 날은 오래된 성을 개조(=리모델링)한 호텔에서 하룻밤 묵었다.

그러나 여기서 다루고자 하는 의도는 우리나라 외래어 "리모델링(リモデリング)을 일본에서도 사용하느냐에 있으며, 예문의 답은 No입니다. 물론 최근에 일부 업자가 차별성을 부각하기 위해 이 표현을 사용하고 있는데, 아직도 일상 생활에서는 대부분의 사람들이 "リモデリング" 대신에 "リフォーム"란 외래어를 사용합니다. 즉 일본어 "リフォーム"은 물건 외에 건물을 새롭게 고칠 때도 사용하는 단어입니다.

● もうはかないジーンズをリフォームしてエプロンを作りました。
　이제 입지 않는 청바지를 리폼하여 앞치마를 만들었습니다.

● リフォームが完了すると、私の家ほど快適な空間はなかった。
　리모델링이 완료되니, 우리 집만큼 쾌적한 공간은 없었다.

※ 다음 일본어 가운데 틀린 곳을 찾아 보세요!

コーヒーはリフィルになりますか。

해답은 다음페이지에

리필

NO コーヒーはリフィルになりますか。

YES コーヒーはお代わり自由(or 無料)ですか。

혹은 コーヒーは(無料で)お代わりできますか？

커피는 리필이 됩니까?

- □ コーヒー 커피
- □ お代わり自由 리필
- □ 自由 자유
- □ 無料 무료

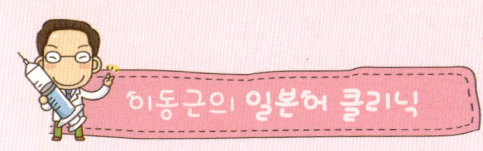

영어 "refill"은 글자 그대로 "다시 채운다"라는 뜻을 가진 단어인데, 한국에서는 "리필", 일본에서는 "リフィル"라고 발음합니다.

잉크나 샴푸 등 내용물만 다시 보충하여 사용하는 리필(용)상품의 경우에는 일본에서도 リフィル라고 합니다.

● シャンプーなどリフィルが出来るものは、なるべくリフィル製品を買っている。
　샴푸 등 리필을 할 수 있는 것은, 되도록 리필 제품을 사 쓰고 있다.

그러나 예문의 경우와 같이, 우리가 흔히 커피 등의 음료에서 "무료로 다시 제공됨"을 의미하는 "리필"은, 일본에서도 일부 매장에서는 "リフィル"란 표현을 사용하기도 합니다. 다만, 일반적인 표현은 아니며 이럴 때 주로 아래와 같이 말을 합니다.

● 食後のコーヒーはお代わり自由となっております。
　식후의 커피는 리필이 됩니다.

● マクドナルドではコーヒーが無料でおかわり出来ます。
　맥도날드에서는 커피를 리필할 수 있습니다.

참고 < お代わり 와 무한리필 >

일본어 "お代わり"는 일상 생활에서 꼭 알아 두어야 할 단어로, 같은 것을 한 번 더 먹고 마시고자 할 때 많이 사용하는 표현이다. 주로 もう一つ(하나 더), 혹은 もう一杯(한잔 더, 한 그릇 더)의 의미로 많이 쓰인다.

- お代わり(は)いかがですか。
  한 잔(한 그릇) 더 하시겠습니까?
- すみません、お代わりお願いします。
  여기요, (같은 걸로) 하나 더 주세요.

요즘 이 식당 저 식당에서 "무한리필"이란 글을 붙여 놓고 장사하는 경우를 많이 보게 되는데, 앞에서 말한 "お代わり自由(or 無料)"를 사용해도 의미는 통할 것이다.

그런데 우리나라에서 이러한 음식점이 극히 최근에 등장한 데 반해, 일본의 경우 이미 수십 년 전부터 존재했으며, 정해진 요금만 내면 정해진 시간 동안 마음대로 먹거나 마실 수 있는 음식점이 상당히 발달해 있다.

음식의 경우 "食べ放題", 술 등 음료의 경우는 "飲み放題"라고 한다.(p335 뷔페 참고)

- 大食いではない私は基本的に食べ放題はあまり好きではない。
  대식가가 아닌 나는 기본적으로 (음식의)무한리필은 별로 좋아하지 않는다.

- お酒やドリンクをたくさん飲む人は飲み放題のほうがお得です。
  술이나 드링크를 많이 마시는 사람은 (술, 음료)무한리필이 더 이익입니다.

주로 "동사의 マス형"에 붙는 접미사 "放題"는 "~하고 싶은 만큼 ~한다"는 의미를 가진 말이다.

무한 리필 광고

자가진단

* 다음 일본어 가운데 틀린 곳을 찾아 보세요!

リップシンクで歌う人を歌手と呼んではいけないと思います。

해답은 다음페이지에

립싱크

NO リップシンクで歌う人を歌手と呼んではいけないと思います。

⬇

YES 口パクで歌う人を歌手と呼んではいけないと思います。

립싱크로 노래하는 사람을 가수라고 불러서는 안 된다고 생각합니다.

Words Check
- □ 口パク 립싱크
- □ 歌う 노래하다
- □ 歌手 가수
- □ 呼ぶ 부르다
- □ 思う 생각하다

이동근의 일본어 클리닉

립싱크(lip sync 혹은 lip synch)는 リップシンク의 발음을 가지지만 일본에서는 잘 사용하지 않으며, 口パク라고 하는 일본어로 표현하는데 이는 口だけパクパク動かす(입만 빠끔빠끔 움직이다)라는 말에서 왔다고 합니다.

- あの女優は口をぱくぱくさせているだけで歌っているのは別人だ。
  그 여배우는 입을 빠끔거리고 있을 뿐 노래하는 것은 딴사람이다.

- 音楽番組で口パクをしている歌手をどう思いますか？
  음악프로에서 립싱크를 하고 있는 가수를 어떻게 생각합니까?

- 北京五輪の開会式で歌ったと思われた、このかわゆい少女は口パクで、あの美しい歌声を持った少女は不細工らしい。『天は二物を与えず』ってことかな…。
  베이징올림픽 개회식에서 노래를 불렀다고 생각했던 이 어여쁜 소녀는 립싱크이고, 그 아름다운 목소리를 가진 소녀는 못생긴 듯하다. "하늘은 두 가지 재능을 주지 않는다"는 건가...

자가진단

※ 다음 일본어 가운데 틀린 곳을 찾아 보세요!

その友達は大学時代にミーティングで出会った相手と結婚しました。

해답은 다음페이지에

미팅

NO その友達は大学時代にミーティングで出会った相手と結婚しました。

YES その友達は大学時代に合コンで出会った相手と結婚しました。

그 친구는 대학시절에 미팅에서 만난 상대와 결혼했습니다.

Words Check
- 友達 친구
- 大学 대학
- 時代 시절
- 合コン 미팅
- 出会う 만나다
- 相手 상대
- 結婚 결혼

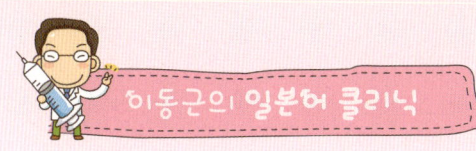

우리나라에서 사용하는 "미팅(meeting)"의 사전적 의미는 "주로 학생들이 사용하는 말로, 남녀 학생들이 사교를 목적으로 집단으로 가지는 모임" 입니다. 이에 반해 일본에서 사용하는 외래어 "ミーティング"은 "비교적 적은 인원의 회의"를 말합니다.

그런데 우리나라에서도 최근 사전적 의미와는 달리 기업체 등에서 적은 인원의 팀이나 과에서 "회의"의 의미로 "미팅"이란 말을 사용하는 것을 TV 드라마 등에서 접한 적이 있으리라 생각합니다.

● 最近ミーティングをよく行うのだが、無駄な話が多い。
  최근에 미팅(과 회의)을 자주 하는데, 쓸데없는 이야기가 많다.

● 今日は午後から勤務だったが、午前中にミーティングがあり参加した。
  오늘은 오후부터 근무였지만, 오전 중에 미팅(팀 회의)이 있어 참가했다.

주로 학창시절에 많이 하는 남녀간의 만남인 "미팅"은 일본에서 "合同コンパ"라고 하며, 줄임 말 형태인 "合コン"으로 많이 사용합니다.

● 私は大学生でこの間近くの女子大学と合コンをしました。
  저는 대학생으로 얼마 전에 근처의 여자대학과 미팅을 했습니다.

※ 다음 일본어 가운데 틀린 곳을 찾아 보세요!

朝食はビュッフェなので、各自食べたいものを取りに行きます。

해답은 다음페이지에

뷔페

NO 朝食はビュッフェなので、各自食べたいものを取りに行きます。

YES 朝食はバイキングなので、各自食べたいものを取りに行きます。

아침 식사는 뷔페이므로, 각자 먹고 싶은 것을 가지러 갑니다.

Words Check
- 朝食 아침 식사
- ビュッフェ 뷔페
- バイキング 뷔페
- 各自 각자

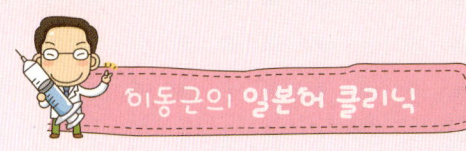

예문의 일본어 표현은 틀린 것은 아닙니다. 하지만 "뷔페"의 발음을 "ビプェ" 혹은 "ブプェ" 등 우리식으로 표기하거나 발음할 가능성이 있습니다. 여기서는 우리가 느끼는 "뷔페"와 일본인이 느끼는 "ビュッフェ(혹은 ブッフェ)"의 차이에 대하여 소개하겠습니다.

우선, 우리나라에서 사용하는 "뷔페"를 사전적인 의미로 보면

① 여러 가지 음식을 큰 식탁에 차려 놓고 손님이 스스로 선택하여 덜어 먹도록 한 식당.
② 열차나 역 안에 있는 간이식당.

으로 되어 있습니다. 그러나 대부분 ①의 의미로 사용하고 있을 것입니다.

● ビュッフェの楽(たの)しみといえばいろいろな料理(りょうり)を食(た)べられることです。
　뷔페의 즐거움이라고 하면 여러 가지 요리를 먹을 수 있는 점입니다.

일본에서는 외국생활이나 호텔을 많이 이용하는 사람들 외에는 ①의 의미를 잘 이해하지 못하며, 오히려 ②의 의미인 열차의 "식당차"를 연상하는 사람이 많다고 합니다.

또한 일본에서는 이 단어를 결혼식이나 파티 등에서 "③서서 음식을 먹는 형식"의 의미로 사용하고 있습니다. 아마 이러한 장면은 외국영화 등에서 접한 적이 있을 것입니다. 이 의미는 우리가 사용하는 "뷔페"에는 없습니다.

따라서 "뷔페"를 일본어로 표현하고자 할 때, 앞의 "리필 편(p328)"에서 설명한 "食(た)べ放題(ほうだい)"를 사용해도 좋으며, 일반적으로 많이 사용하는 단어로는 "バイキング"가 있습니다.

● 私は食(た)べ放題(だい)が大好(だいす)きですが、決(けっ)して大食(おおぐ)いではないです。
　나는 뷔페를 아주 좋아합니다만, 결코 대식가는 아닙니다.
　(食べ放題의 가장 가까운 의미는 "양껏 먹는 것/먹을 수 있는 곳"이다)

● 私はバイキングが好(す)きです。
　(저는 뷔페를 좋아합니다)

그런데 "バイキング"가 일본에서는 "뷔페"의 의미로 사용되는 사실을 모르는 사람은 이 말을 들었을 때 머리 속이 혼란스러울 것입니다. 놀이시설 "바이킹"을 좋아한다는 것인지, 북유럽의 해적 "바이킹"을 좋아한다는 것인지 하고 말이죠.

그러나 위의 문장은 바로 자신이 좋아하는 음식을 선택하여 마음껏 먹을 수 있는 "뷔페를 좋아한다"는 뜻입니다.

아침뷔페(朝食バイキング) 광경

● 朝食は和洋バイキングになっており、いろいろなメニューがあった。
아침식사는 일식 및 양식 뷔페로 되어 있었으며, 여러 가지 메뉴가 있었다.

이동근 샘의 +Plus 일본어 문진 처방

Q : 선생님, 우리나라는 직접 식당에 가서 먹는 것 뿐만 아니라 음식을 주문하여 시켜 먹는 문화도 매우 발달해 있는데요. 일본에도 우리처럼 배달음식이 있나요?

A : 네. 일본에도 배달음식이 있습니다. 하지만 우리나라만큼 다양한 종류가 있는 것은 아니며 주로 피자나 소바, 꼬치 등이 대표적인 일본의 배달 음식입니다. 그럼 여기서, 일본어의 배달 표현을 알아볼까요? 한자어 "배달(配達)"도 있지만, "음식 배달"의 경우는 주로 "出前, 仕出し" 등 다양한 표현을 사용합니다. 가장 많이 사용하는 형태가 "出前を取る≒出前を頼む"이며, 앞에 음식 이름을 넣고 사용하기도 합니다. "出前"와 함께 많이 사용하는 단어가 "店屋物"인데, 우리말 해석 상 큰 차이는 없습니다. 다만, 出前는 "배달", 店屋物는 "음식"이 각각 중심이 되어 있는 것이 특징이라고 할 수 있습니다.

● このごろ飯を作るのがひどくめんどくさくて出前を取ることが多い。
요즈음 밥하는 것이 몹시 귀찮아서 (음식을) 시켜 먹는 일이 많다.

● 今日は色々と忙しかったので、昼食は久しぶりに出前を頼みました。
오늘은 여러모로 바빴기 때문에, 점심은 오랜만에 음식 배달을 시켰습니다.

● 時々、ピザの出前を取ります。
가끔 피자를 시켜 먹습니다.

● 今日は朝から大掃除だったので、昼ごはんは店屋物で済ませた。
오늘은 아침부터 대청소였으므로, 점심은 배달음식으로 때웠다.

※ 다음 일본어 가운데 틀린 곳을 찾아 보세요!

消防法でビデオ部屋にも消火器の設置が義務付けられてます。

해답은 다음페이지에

비디오방

NO 消防法でビデオ部屋にも消火器の設置が義務付けられてます。

YES 消防法で個室ビデオ店にも消火器の設置が義務付けられてます。

소방법으로 비디오방에도 소화기의 설치가 의무화되어 있습니다.

Words Check
- 消防 소방
- 法 법
- 個室ビデオ店 비디오방
- 消火器 소화기
- 設置 설치
- 義務 의무

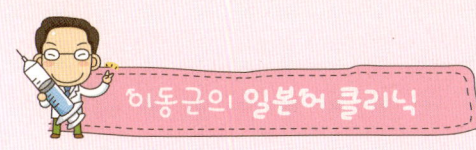

유료 혹은 무료로 제공되는 대부분의 번역기에서 "비디오방"은 "ビデオ部屋"로 번역되고 있습니다. "비디오=ビデオ"와 "방=部屋"의 관계에서 그럴 수 있다고 이해는 되나 전하고자 하는 정확한 뜻을 상대가 이해할지는 의문입니다.

비디오방은 노래방(カラオケボックス), PC방(インターネットカフェ)과 함께 우리 나라와 일본에서 그나마 가장 유사한 형태를 보이고 있으며, 그 외에 존재하는 수많은 형태의 "○○방"은 표현하기가 어려운 예가 대부분입니다.

- １日の未明、釜山・海雲台の個室ビデオ店の火災で、15人が亡くなった。
  1일의 새벽, 부산 해운대의 비디오방의 화재로, 15명이 사망했다.

- 私はカラオケが好きで、カラオケ店にはよく行きます。
  나는 반주에 맞춰 노래하는 것을 좋아하여, 노래방에는 자주 갑니다.
  (カラオケボックス ＝ カラオケ店 ＝ カラオケ屋さん)

- (インター)ネットカフェで受信メールのチェックをすることができます。
  PC방에서 수신 메일의 체크를 할 수 있습니다.

＊ 다음 일본어 가운데 틀린 곳을 찾아 보세요!

韓国の若者は３Ｄ職場を忌避する傾向が強い。

해답은 다음페이지에

3D

NO 韓国の若者は 3 D 職場を忌避する傾向が強い。

YES 韓国の若者は 3 K 職場を忌避する傾向が強い。

한국의 젊은이는 3D 직장을 기피하는 경향이 강하다.

Words Check
- 若者 젊은이
- 職場 직장
- 忌避 기피
- 傾向 경향
- 強い 강하다

3D란 잘 알다시피 dirty(더러운), dangerous(위험한), difficult(힘든) 혹은 demeaning(품위를 떨어뜨리는) 라는 영어 알파벳의 머리글자 D로 시작하는 3단어를 말합니다. 우리나라에서는 십 수년 전부터 많이 사용하게 된 이 표현은 더럽거나 힘들거나 위험한 일을 3D 업종(직종), 그러한 직장을 3D 직장이라고 합니다.

그런데 일본에서는 dirty(汚い, Kitanai), dangerous(危険, Kiken), difficult(きつい, Kitsui)라는 일본어 발음의 머리글자를 따라 3K를 사용합니다. 이 말은 1980년대 말부터 보급되어 1989년에는 올해의 유행어 후보에 올랐다고 합니다.

또 최근에는 IT, 서비스 등 일부 업계에서는 이 3K를 きつい(힘들다), 帰れない(집에 못 간다), 給料が安い(월급이 적다)라고 하여, 열악한 근무환경을 빗대어 사용(新3K)하고 있으며, 또 여기에다 休暇が取れない(휴가를 못 낸다), 規則が厳しい(규칙이 엄하다), 化粧がのらない(화장이 안 먹힌다), 結婚できない(결혼 못 한다)를 추가하여 7K라는 표현으로 확대 사용하는 경우도 있다고 합니다.

- 外国人労働者はみんなが嫌がる３Ｋの仕事もいとわない。
  외국인노동자는 모두가 싫어하는 3D 일도 마다하지 않는다.

- 製造業のイメージは、やはり３Ｋ業種なんです。実際にはそうではない工場も沢山あります。
  제조업의 이미지는 역시 3D 업종입니다. 실제로는 그렇지 않은 공장도 많이 있습니다.

※ 다음 일본어 가운데 틀린 곳을 찾아 보세요!

日差しが強いときは必ずサンクリームを塗ったほうがいいです。

해답은 다음페이지에

선크림

NO 日差しが強いときは必ずサンクリームを塗ったほうがいいです。

YES 日差しが強いときは必ず日焼け止めを塗ったほうがいいです。

햇살이 따가울 때는 반드시 선크림을 바르는 것이 좋습니다.

Words Check
- □ 日差し 햇살　□ 強い 강하다　□ 必ず 반드시
- □ 日焼け止め 선크림　□ 塗る 바르다

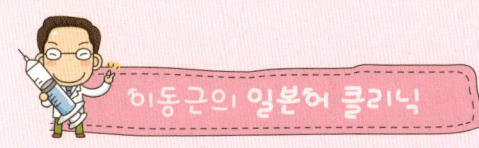

외래어 선글라스(sunglass)를 일본에서는 "サングラス"라고 하듯이 외래어로서 외국어를 한일에서 공통적으로 사용되는 단어는 무척 많습니다.

자외선차단제(Sunscreen)는 일반적으로 "sun cream"이라고 하며, 우리나라에서도 속칭 "선(썬)크림"이라고 주로 사용하고 있습니다.

영어이므로 일본에서도 잘 사용할 것 같지만 일본에서는 거의 사용하지 않으며, 주로 햇빛을 막는다는 뜻의 일본어인 "日焼け止め 혹은 日焼け止めクリーム"를 사용합니다.

> §참고§
> "자외선차단제"의 직역인 "紫外線遮断剤"는 일본에서는 일상어가 아니며, 일반적으로 "サンスクリーン剤" 혹은 "日焼け止め"라고 한다.
> 그리고 이것을 크게 나눠 "紫外線拡散剤"와 "紫外線吸収剤" 두 종류로 분류할 수 있다고 한다.

● 外出するときは、日光が直接当たる肌にはサンスクリーン剤を塗る。
외출할 때는, 햇빛이 직접 닿는 피부에는 선크림(자외선차단제)을 바른다.

* 다음 일본어 가운데 틀린 곳을 찾아 보세요!

海外旅行で信用カードを使うメリット(=利点)は大きい。

해답은 다음페이지에

신용카드

NO 海外旅行で信用カードを使うメリット(=利点)は大きい。

YES 海外旅行でクレジットカードを使うメリット(=利点)は大きい。

해외 여행에서 신용카드를 사용하는 이점은 크다.

Words Check
- ☐ 海外旅行 해외여행   ☐ クレジットカード 신용 카드
- ☐ 使う 사용하다   ☐ メリット(=利点) 이점

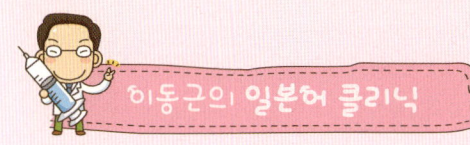

마치 우리말처럼 사용되는 "카드(card)"에는 수많은 뜻과 종류가 있지만, 그 대표적인 것이 "신용카드, 현금카드, 전화카드, 교통카드"일 것입니다.

교통카드(交通カード) 이외에는 우리말과 같은 단어의 나열이라기보다는 "신용카드(クレジットカード), 현금카드(キャッシュカード), 전화카드(テレホンカード)"로 표현하고 있으며, 흔히 カード라고 말하기도 합니다.

● なぜ、コンビニではクレジットカードが使えないのですか？
　왜, 편의점에서는 신용카드를 사용하지 못하는 것입니까?

● 米国では現金を持ち歩かず少額でもクレジットカードで支払う人が多い。
　미국에서는 현금을 안 가지고 다니며 소액이라도 신용카드로 지불하는 사람이 많다.

● 財布の中には、現金、キャッシュカード、学生証等が入っていた。
　지갑 안에는, 현금, 현금카드, 학생증 등이 들어 있었다.

● テレホンカードとは、公衆電話で使用できるプリペイドカードである。
　전화 카드란, 공중 전화에서 사용할 수 있는 선불 카드이다.

＊ 다음 일본어 가운데 틀린 곳을 찾아 보세요!

2009年メキシコから始まった新種フルが国内でも発生しています。

해답은 다음페이지에

신종플루

NO 2009年メキシコから始（はじ）まった新種（しんしゅ）フル×が国内（こくない）でも発生（はっせい）しています。

YES 2009年メキシコから始（はじ）まった新型（しんがた）インフルエンザが国内でも発生しています。

2009년 멕시코에서 시작된 신종플루가 국내에서도 발생하고 있습니다.

Words Check
- □ メキシコ 멕시코
- □ 始（はじ）まる 시작되다
- □ 新型（しんがた）インフルエンザ 신종플루
- □ 国内（こくない） 국내
- □ 発生（はっせい） 발생

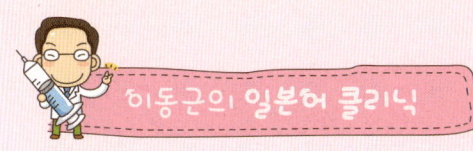

신종플루에 들어가기 전에 "감기"에 대해서 꼭 알아야 할 기본 표현을 몇 가지 익혀 봅시다. 감기(感氣)의 일본어는 "風邪"라고 합니다.

- 昨日は一日風邪で[風邪を引いて、風邪にかかって]寝ていた。
  어제는 하루 감기로[감기가 들어, 감기에 걸려] 누워 있었다.

- 今、風邪がはやっているそうで、私も、今少し風邪気味です。
  지금, 감기가 돌고 있다고 하며, 저도 지금 조금 감기기운이 있습니다.

- 季節の変わり目の風邪がなかなか抜けません。
  환절기의 감기가 좀처럼 떨어지지 않습니다.

 참고 <감기 관련 표현>

寝る(눕다) → 寝込む(몸져눕다)
風邪が治る 감기가 낫다 = 風邪が抜ける 감기가 떨어지다
風邪が移る 감기가 옮다   風邪を移す 감기를 옮기다
風邪が流行する 감기가 유행하다 = 風邪がはやる 감기가 돌다
지독한 감기 ひどい風邪(=しつこい風邪) → 독감 流感 = インフルエンザ
조류인플루엔자(←조류독감)   鳥インフルエンザ

심한 감기를 의미하는 독감(毒感)은 일본어로는 "流感"이지만, 지금은 거의 사용하지 않고 "インフルエンザ"라고 부르고 있습니다. 4, 5년 전 "조류독감"이 무슨 이유에서 "조류 인플루엔자"로 용어가 바뀌었는지 지금도 알 수가 없습니다.

2009년 4월 "신종플루"가 처음 발생하였을 때 불렸던 이름이 "돼지독감(혹은 돼지 인플루엔자)"입니다. "독감"이란 단어가 우리나라에서 그만큼 일상어라는 의미입니다. 일본에서도 처음엔 "豚インフルエンザ"라고 불렀습니다. 일본에서는 "インフルエンザ"가 일상어이기 때문일 것입니다.

이후 세계보건기구는 돼지와의 연관관계가 명확하지 않다고 하여, 이 병의 명칭을 H1N1 인플루엔자 A라고 결정하였습니다. 우리나라에서는 이 명칭 외에도 편의상 "신종 인플루엔자 혹은 신종 플루"라고 부르기로 하였으며 언론 등에서도 이 명칭을 따르고 있습니다.

같은 이유로 일본에서는 주로 "新型インフルエンザ"라고 부르며, 제목 등에서는 "新型インフル"라고 하는 경우도 있습니다.

● 妊婦への新型インフルエンザワクチンの接種が週明けから本格化する。
임신부에 대한 신종 인플루엔자 백신의 접종이 주초부터 본격화한다.

<新型インフルエンザ対策>

うがい
양치질

手洗い
손씻기

マスク
마스크

防ごう！新型インフルエンザ

新型インフルエンザもインフルエンザの一種

感染した人が咳やくしゃみをする
↓
ウィルスが放出
↓
空気中に舞ったウィルスを吸い込んで感染
↓
ウィルスが付着した机やドアノブなどを触ってしまい手から口や目へ入り感染

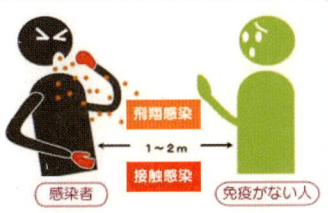

飛沫感染
接触感染
1〜2m
感染者　免疫がない人

自分の周りの人、物から知らないうちに感染するのがインフルエンザ

※ 다음 일본어 가운데 틀린 곳을 찾아 보세요!

けいざいてき　もんだい
経済的な問題がなければ、シングルマムを
のぞ
望んでいるかもしれません。

해답은 다음페이지에

싱글맘

NO 経済的(けいざいてき)な問題(もんだい)がなければ、シングルマムを望(のぞ)んでいるかもしれません。

⬇

YES 経済的な問題がなければ、シングルマザーを望んでいるかもしれません。

경제적인 문제가 없으면, 싱글맘을 원하고 있을지도 모릅니다.

Words Check ☐ 経済(けいざい) 경제 ☐ 問題(もんだい) 문제 ☐ シングルマザー 싱글맘 ☐ 望(のぞ)む 원하다

 이동근의 *일본어* 클리닉

우선 "싱글맘"의 의미를 한 신문 기사의 일부분에서 인용해 봅니다.

> '남편이 없는 몸으로 아이를 기르는 여자'를 이르는 싱글맘'은 이미 국립국어원 신어자료집에 수록돼 정식 단어로 인정됐다. 미혼모나 사별과 이혼 등으로 홀로 아이를 키우는 여자를 이르는 포괄적 의미지만, 자발적으로 선택한 당당한 '비혼모'를 뜻하는 의미가 더욱 커졌다.

쉽게 말하면 "미혼모(未婚の母)"와 "홀어머니(片親)"가 갖는 부정적인 이미지를 새로운 용어를 통해 긍정화한 것이라고 하겠습니다. 그런데 국어사전에는 이 말의 풀이가 "싱글마마(single mama)를 줄여 이르는 말"이라고 되어 있는데, 왜 영어 "single + mom(mother의 유아어)"이 아닌 "シングルママ(single + mama)"의 줄임말이라고 하는지 이해가 되지 않습니다. 사실 mama(엄마)는 영어의 유아어이기도 하지만, ママ(유아어)는 현재 일본에서 같은 의미로 사용하는 단어이기도 하기 때문입니다. 다만 일본에서는 "シングルママ" 외에도 영어인 "シングルマザー"를 많이 사용하고 있는데, 우리와 마찬가지로 미혼, 이혼, 사별 등의 여부와 상관 없이 "여성 혼자"임을 강조하는 말입니다.

● 昔は韓国でシングルマザーとして子供を育てるのは珍しかったです。
  옛날에는 한국에서 싱글맘으로서 아이를 키우는 것은 드물었습니다.

● 私は8歳と1歳の男の子をもつ2児のシングルママです。
  나는 여덟 살과 한 살의 남자 아이를 둔 두 아이의 싱글맘입니다.

참고로, 일하는 엄마(働くママ) 또한 요즈음은 "워킹맘"이라는 말을 많이 사용하는데, 일본에서는 "ワーキングマザー" 혹은 "ワーキングママ"라고 합니다.

● 職員のほとんどが、結婚・育児を経験しているワーキングマザーです。
  직원 거의 모두가 결혼, 육아를 경험하고 있는 워킹맘입니다.

  자가진단

※ 다음 일본어 가운데 틀린 곳을 찾아 보세요!

2010年11月に中国の広州で第16回アジアンゲームが開催されました。

해답은 다음페이지에

제3장 약어와 외래어

아시안게임

NO 2010年11月に中国の広州で第16回アジアンゲームが開催されました。

YES 2010年11月に中国の広州で第16回アジア競技大会が開催されました。

2010년 11월에 중국의 광저우에서 제16회 아시안게임이 개최되었습니다.

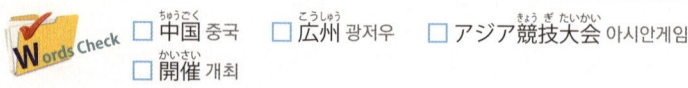

Words Check
- □ 中国 중국
- □ 広州 광저우
- □ アジア競技大会 아시안게임
- □ 開催 개최

352 이동근의 일본어 클리닉

 이동근의 일본어 클리닉

아시아(Asia), 아시안(Asian)의 일본어 발음은 "アジア"와 "アジアン" 입니다. 아시안게임(Asian Games)은 올림픽에 대비되는 아시아지역의 스포츠 제전이라고 할 수 있는데, 우리나라에서는 주로 영어를 그대로 사용하는데 반해 일본에서는 영어를 사용하지 않으며, "アジア競技大会" 혹은 "アジア大会"라고 합니다.

● 彼は2006年ドーハ・アジア大会の個人戦で金メダルを獲得した。
　그는 2006년 도하 아시안게임의 개인전에서 금메달을 획득했다.

広州アジア競技大会メインスタジアム
(광저우 아시안게임 메인 스타디움)

 자가진단

※ 다음 일본어 가운데 틀린 곳을 찾아 보세요!

搭乗まではしばらく時間があったので、空港でアイショッピングをした。

해답은 다음페이지에

제3장 약어와 외래어　353

아이쇼핑

NO 搭乗まではしばらく時間があったので、空港で
アイショッピングをした。

YES 搭乗まではしばらく時間があったので、空港で
ウィンドウショッピングをした。

탑승까지는 잠시 시간이 있었으므로, 공항에서 아이쇼핑을 했다.

Words Check
- 搭乗 탑승
- しばらく 잠시
- 時間 시간
- 空港 공항
- ウィンドウショッピング 아이쇼핑

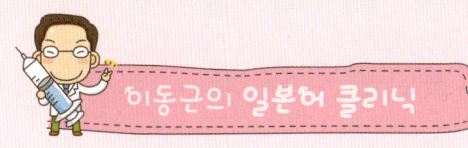

우리나라의 외래어는 일본인이 외국어를 일본어로 번역하는 과정에서 만들어 사용하던 외래어를 그대로 받아들인 경우가 많습니다. 따라서 영어 등 외국어와는 달리 일본에서 엉터리로 만든 외래어를 아직도 그냥 사용하거나 한국어 순화운동으로 이미 퇴출된 경우도 있습니다. 몇 가지만 소개하면

アパート(아파트←an apartment house)
ボールペン(볼펜←a ballpoint (pen)) オートバイ(오토바이←a motorcycle)
ノート(노트, 공책←a notebook) テレビ(텔레비전, 티비←television)
サイン(사인←작가, 연예인, 운동선수 등 유명인 an autograph)
タレント, テレビタレント(탤런트, TV 탤런트←a TV star [personality])
オーライ(all right), ミシン(재봉틀←a sewing machine)

그런데, 극히 드물기는 하지만 "아이쇼핑"과 같이 일본과 상관없이 한국식 외래어를 사용하는 경우가 있습니다. 물건은 사지 않고 눈으로만 보고 즐기는 것을 우리나라에서는 "아이쇼핑"이라 하는데, 이는 우리나라에서 사용되는 재미있는 외래어라고 할 수 있습니다. 일본에서는 영어 "window shopping"이 외래어로서, 그리고 일본어 "ひやかす"도 많이 사용됩니다.

● 最終日明洞でお土産を買ったり、ウインドショッピングを楽しんだ。
마지막 날 명동에서 선물을 사거나 아이쇼핑을 즐겼다.

● 昼間に銀座を、のんびり店を冷やかして歩くのはとても楽しい。
낮에 긴자를, 느긋하게 가게를 구경(아이쇼핑)하며 다니는 것은 무척 즐겁다.

※ 다음 일본어 가운데 틀린 곳을 찾아 보세요!

二人が結婚し、このアパートで新婚生活を始めたのは半年前のことだ。

해답은 다음페이지에

아파트 vs アパート

NO 二人(ふたり)が結婚(けっこん)し、このアパートで新婚生活(しんこんせいかつ)を始(はじ)めたのは半年前(はんとしまえ)のことだ。

YES 二人が結婚し、この団地(だんち)[マンション]で新婚生活を始めたのは半年前のことだ。

두 사람이 결혼하여, 이 아파트에서 신혼 생활을 시작한 것은 반년 전의 일이다.

Words Check
- 結婚(けっこん) 결혼
- アパート 공동 주택
- 団地(だんち) 단지, 아파트
- マンション 아파트
- 新婚(しんこん) 신혼
- 生活(せいかつ) 생활

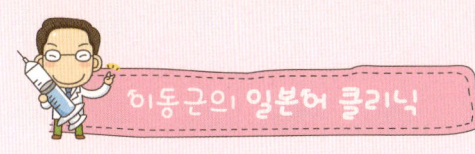

아마 거의 대부분의 사람들이 위와 같은 일본어로 상대와 의사소통을 할 것이며, 자신의 일본어가 정확히 전달되었으리라 믿을 것입니다.

위와 같은 현상은 우리나라 "아파트"와 일본의 "アパート"의 개념이 다른 것을 모르기 때문에 생기는 오해일 것입니다.

 우리나라의 "아파트"에 대해서 굳이 설명을 할 필요는 없겠지만, 그 풀이를 사전에서 보면, "공동 주택 양식의 하나. 5층 이상의 건물을 층마다 여러 집으로 일정하게 구획하여 각각의 독립된 가구가 생활할 수 있도록 만든 주거 형태 이다."라고 되어 있습니다.

이에 반해 일본의 "アパート"는 "한 동의 건물을 몇 개의 독립된 주거로 나눈 것. 또 그 각각의 주거. 집합주택. 공동주택"이라고 풀이되어 있습니다.

 백과사전 wikipedia의 풀이를 보면, 전형적인 일본의 アパート 형태는

① 1개 동 으로 구성   ② 목조구조   ② 2~3층의 소규모이자 저층
④ 임대   ⑤ 엘리베이터가 없음

등으로 설명되어 있습니다.

10층 전후의 규모가 큰 집합주택은 일본에서 "マンション"이라 하며, 특히 20층 이상의 것은 "タワーマンション"이라고 부르고 있습니다. 임대보다 분양이 많으며,

주로 1~2개 동으로 구성되어 있습니다.
그리고 이 "マンション"이 여러 동으로 이루어진 것을 "団地"라고 합니다. 그 규모에 따라 小(規模)団地, 大(規模)団地, 巨大団地 등으로 나뉘는데, 巨大団地라고 해도 50~100동 정도가 고작입니다. 우리나라와 같은 수백에서 천 동이 넘는 대단위 아파트는 일본에서 찾아 볼 수가 없습니다.

- 築5年の分譲マンションの10階に住んでいます。
  지은 지 5년 된 분양아파트 10층에 살고 있습니다.

- 今では国民の5割[半分]以上が高層団地に住んでいる。
  지금은 국민의 5할[절반] 이상이 고층 아파트 단지에 살고 있다.

- 都内の高層マンションの階数は25階を超え、1棟で100戸を超えるマンションがほとんどだ。
  도쿄의 고층아파트의 층수는 25층이 넘고, 한 동에 100가구가 넘는 아파트가 거의 대부분이다.

다만, 일본 사이트에 高層アパート、高級アパート라는 표현도 보이는데, 자세히 읽어 보면 홍콩, 한국 등 외국의 사례를 말하는 것이 대부분입니다.

이동근 샘의 +Plus 일본어 문진 처방

Q : 선생님, 아파트에 있는 엘레베이터나 지하철, 백화점 등의 에스컬레이터는 우리 나라에서는 "대(臺)"로 세는데요. 일본에서도 마찬가지인가요?

A : 네. 좋은 질문입니다. 일본에서 "설치, 고정되어 있는 것"을 세는 단위로는 보통 "基"를 사용하며, 엘리베이터나 에스컬레이터 역시 원칙적으로는 "基"로 세고 있습니다. 다만 엘리베이터는 "乗り物(탈것)"으로 해석할 수 있으므로 "台"로 셀 수도 있으며, 에스컬레이터는 "가늘고 긴 사물"로 볼 수 있으므로 "本"을 사용하기도 한답니다. 그리고 에스컬레이터 역시 "台"가 사용되는 예도 종종 발견할 수 있는데, 이는 엘리베이터와 마찬가지로 "乗り物(탈것)"로 여겼기 때문인 것으로 해석됩니다.

- エレベーターが3基(3台)、エスカレーターが6基(6本)設置されています。
  엘리베이터가 3대, 에스컬레이터가 6대 설치되어 있습니다.

- そのホテルは建物が古くてエレベーターが2基(2台)しかなかった。
  그 호텔은 건물이 낡았고 엘리베이터가 2대밖에 없었다.

- デパートの4基のエスカレーターのうち1基が故障していた。
  백화점의 4대의 에스컬레이터 가운데 1대가 고장이 나 있었다.

※ 다음 일본어 가운데 틀린 곳을 찾아 보세요!

大学時代に初めて吸ったのが外国煙草のマルボロだった。

해답은 다음페이지에

양담배

NO 大学時代に初めて吸ったのが外国煙草のマルボロだった。

YES 大学時代に初めて吸ったのが洋もくのマルボロだった。

대학시절에 처음으로 피운 담배는 양담배인 말보로였다.

Words Check
- 大学 대학
- 時代 시절
- 初めて 처음으로
- 外国 외국
- 煙草 담배
- 洋もく 양담배
- マルボロ 말보로

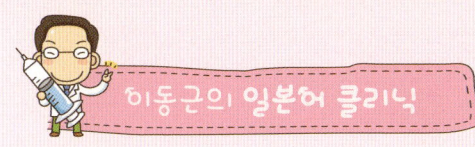

의미를 전달할 수는 있지만, 위의 "外国煙草"는 일본담배가 아닌 모든 담배를 의미하는 점에서 표현의 범위가 너무 넓다고 할 수 있습니다.

흔히 말하는 "양담배"란 서양에서 만든 담배(주로 미국제 담배)를 일컫습니다. 일본에서는 미국이나 유럽 담배를 흔히 "洋もく"라고 부릅니다.

- 最近は震災の影響で洋もくかきついタバコしか売っていない。
  최근에는 지진(피해)의 영향으로 양담배나 독한 담배밖에 팔지 않는다.

- 当時は洋モクを吸ってる若者は金持ちの大学生という認識があった。
  당시는 양담배를 피우는 젊은이는 돈 많은 대학생이라는 인식이 있었다.

참고 <담배 이야기>

재떨이(灰皿)와 꽁초(吸い殻)는 초급 과정에서도 다루므로 비교적 잘 알고 있을 것이다. 그 외의 일상적인 표현을 몇 개 소개하면

- 흡연, 흡연실, 흡연자 : 喫煙、喫煙室、喫煙者
- 간접흡연 : 受動喫煙(間接喫煙)
- 골초 : ヘビースモーカー　　　・담배를 끊다 : たばこをやめる
- 개피→갑(20개피)→보루(10갑) : 本→箱(10本、20本)→カートン

※ 1日に20〜30本吸っている。하루에 한 갑~한 갑 반 피우고 있다.
(하루에 "20~30개피"라고도 해석할 수 있지만 일본에서는 주로 위와 같이 사용한다.)

자가진단

* 다음 일본어 가운데 틀린 곳을 찾아 보세요!

整形外科でエックスレイ写真を撮ってもらったが骨に異常はないそうだ。

해답은 다음페이지에

엑스레이

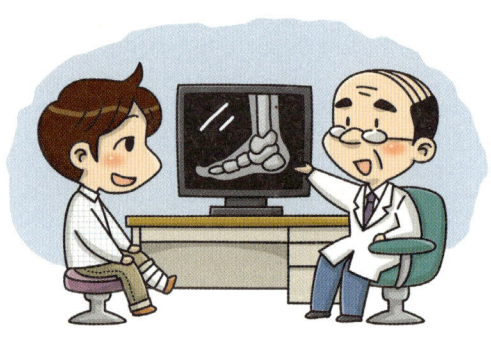

NO 整形外科でエックスレイ写真を撮ってもらったが骨に異常はないそうだ。

YES 整形外科でX線(=レントゲン)写真を撮ってもらったが骨に異常はないそうだ。

정형외과에서 엑스레이 사진을 찍었지만 뼈에 이상은 없다고 한다.

Words Check
- ☐ 整形外科 정형외과
- ☐ X線(=レントゲン) 엑스레이
- ☐ 写真 사진
- ☐ 撮る 찍다
- ☐ 骨 뼈
- ☐ 異常 이상

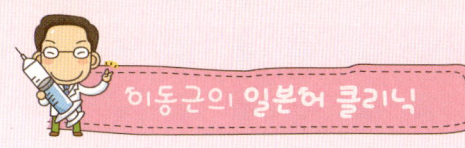 이동근의 일본어 클리닉

병원에서 많이 사용하는 "엑스선(X線(せん))", 너무 전문적인 용어라 그 뜻을 여기에 소개하기에는 어렵고, 소개할 필요도 없이 많이 접하고 있습니다.

우리나라는 일상에서 영어인 "엑스레이(X-ray)"라는 말로 주로 사용되다 보니, 일본어로 옮길 때 "エックスレイ" 하고 사용하기 쉽지만, 일본에서는 "X線" 혹은 발견자인 Wilhelm Conrad Röntgen의 이름을 따서 "レントゲン"이라고도 합니다.

참고로 독일의 물리학자인 Röntgen은 1895년 엑스선의 발견을 보고하였으며, 그 공적으로 1901년 제 1회 노벨 물리학상을 수상하였습니다.

● <u>レントゲン</u>を撮影(さつえい)する時(とき)、一時的(いちじてき)に部屋(へや)を暗(くら)くする必要(ひつよう)があります。
　엑스레이를 촬영할 때, 일시적으로 방을 어둡게 할 필요가 있습니다.

● 胃(い)がんが疑(うたが)われると、胃(い)の内視鏡検査(ないしきょうけんさ)や胃(い)X線(せん)検査(けんさ)を行(おこな)います。
　위암이 의심되면, 위의 내시경 검사나 위 X-ray 검사를 실시합니다.

X-ray는 영어이므로 "エックスレイ"라고 말할 때 의미가 전달되지 않는다고는 생각하지 않습니다. 다만 일본에서는 일상에서 "レントゲン" 혹은 "X線"으로 표현하고 있음을 숙지하길 바라며, 또한 일본의 법령 등에서는 가타카나를 사용하여 "エックス線"이라고 표기하는 것이 원칙으로 되어 있다고 합니다.

 자가진단

※ 다음 일본어 가운데 틀린 곳을 찾아 보세요!

私(かたし)の通(かよ)っていた高校(こうこう)は、長(なが)い歴史(れきし)のある女高(じょこう)でした。

해답은 다음페이지에

여고와 여고생

NO 私の通（かよ）っていた高校（こうこう）は、長（なが）い歴史（れきし）のある女高（しょこう）でした。

YES 私の通っていた高校(高等学校（こうとうがっこう）)は、長い歴史のある女子高（じょしこう）でした。

내가 다니던 고등학교는, 오랜 역사가 있는 여고였습니다.

Words Check
- □ 通（かよ）う 다니다
- □ 高校（こうこう）(高等学校（こうとうがっこう）) 고등학교
- □ 長（なが）い 길다
- □ 歴史（れきし） 역사
- □ 女子高（じょしこう） 여고

허동근의 일본어 클리닉

고등학교는 일상에서 약어인 "高校(こうこう)"로 많이 사용되며, "고등학생"은 일본어로 "高校生(こうこうせい)(p192)"이라고 합니다. 여자고등학교는 우리나라에서는 "여고"로, 일본에서는 "女子高(じょしこう)"로 각각 줄여 사용되고 있습니다.

- 3月2日にＡ女子高等学校(じょしこうとうがっこう)から208名(めい)の生徒(せいと)が巣立(すだ)っていった。
  3월 2일에 A여자고등학교에서 208명의 학생이 학교를 떠나 갔다.

- 女子高だったが、少子化(しょうしか)の影響(えいきょう)で2008年度(ねんど)から男女共学(だんじょきょうがく)になった。
  여고였지만, 저출산의 영향으로 2008년도부터 남녀공학이 되었다.

따라서 "여고생" 또한 "女子高生"라고 하는데, "女子高校生(じょしこうこうせい) 혹은 女子高等学校生(じょしこうとうがっこうせい)"의 약어라고 풀이되어 있는 것은 역시 p192에서 그 답을 찾기 바랍니다.

- 女子高生だった主人公(しゅじんこう)は、気(き)がついたら高校生の娘(むすめ)を持(も)つ主婦(しゅふ)になっていた。
  여고생이었던 주인공은, 정신을 차리니 고등학생 딸을 둔 주부가 되어 있었다.

자가진단

※ 다음 일본어 가운데 틀린 곳을 찾아 보세요!

私(わたし)は今女高(いまじょこう)に通(かよ)っています。今考(いまかんが)えてる志望大学(しぼうだいがく)も女大(じょだい)です。

해답은 다음페이지에

제3장 약어와 외래어

여대와 여대생

NO 私は今女高に通っています。今考えてる志望大学も女大です。

YES 私は今女子高に通っています。今考えてる志望大学も女子大です。

저는 지금 여고에 다닙니다. 지금 생각하고 있는 지망 대학도 여대입니다.

Words Check
- 考える 생각하다
- 志望 지망
- 大学 대학
- 女子大 여대

우리나라에서는 여자대학(혹은 여자대학교)을 흔히 "여대(女大)"라고 줄여 말하며, 그 학생을 "여대생(女大生)"이라고 합니다.

일본에서는 女子大学(女子大学校라고 하지 않는 이유는 p46 참고)을 "女子大"라고 줄여 말하며, 그 학생을 "女子大生"이라고 합니다.

● 女子大を目指していますが世間で評判のよい大学はどこでしょうか？
여대를 목표로 하고 있습니다만 세상에서 평판이 좋은 대학교는 어디입니까?

● 17歳の男子高校生が22歳の女子大生を好きになる事ってあるんですか？
열일곱 살의 남자 고등학생이 스물두 살의 여대생을 좋아하게 되는 일이 있습니까?

 참고

1. 이화여자대학교의 경우, 일본의 사이트에서는 거의 "梨花女子大学"라고 소개하고 있다.
2. 여자중학교의 경우, "女子高"와 "女子大"와 같은 방법으로 "여중(女子中)" 혹은 "여중생(女子中生)"이라고 할 수 있다.
3. 일본어 "女中"은 여관의 여종업원 및 가사도우미(＝お手伝いさん)의 옛 이름으로 우리말의 "식모"에 해당하는 단어이다.

 자가진단

※ 다음 일본어 가운데 틀린 곳을 찾아 보세요!

冷蔵庫も外製を使ってるけど、ドイツ製が一番使いやすい気がする。

해답은 다음페이지에

외제

NO 冷蔵庫も外製を使ってるけど、ドイツ製が一番使いやすい気がする。

YES 冷蔵庫も外国製を使ってるけど、ドイツ製が一番使いやすい気がする。

냉장고도 외제를 쓰고 있지만, 독일제가 가장 쓰기 좋은 것 같다.

Words Check
- 冷蔵庫 냉장고
- 外国製 외제
- 使う 사용하다
- ドイツ 독일
- 一番 가장
- 使いやすい 쓰기 좋다

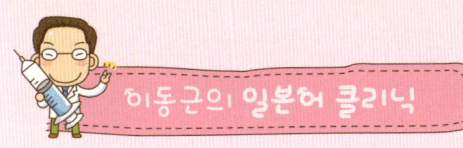

외국에서 만든 물건을 "외국제품" 혹은 "외국제"라고 하며, 우리나라에서는 이를 줄인 "외제품(外製品)"이나 "외제(外製)"라는 말을 많이 사용합니다. 하지만 일본에서는 "外製品 혹은 外製"라는 약어가 없습니다.

- 国産万年筆が性能面で外国製に比べて劣っているとは思わない。
  국산 만년필이 성능 면에서 외제에 비해 떨어진다고는 생각하지 않는다.

- 外国製の化粧品は香りがきついので、韓国人の肌に合いません。
  외제 화장품은 향이 독하기 때문에, 한국인의 피부에 맞지 않습니다.

- ベンツとか外国製の車はボディも丈夫そうです。
  벤츠라든지 외제 차는 차체도 튼튼해 보입니다.

외제품이란 단어가 없는 대신, "外国製品"과 같은 의미로 "舶来品"이 사용되며, 특히 문학 등에서는 자주 등장하므로 알아두면 좋겠습니다.

- 舶来品は何でも国産品より優れていると思っている人が少なくない。
  외제품은 뭐든지 국산품보다 뛰어나다고 생각하는 사람이 적지 않다.

* 다음 일본어 가운데 틀린 곳을 찾아 보세요!

外製車は部品代が国産車に比べて非常に高いです。

해답은 다음페이지에

외제차

NO 外製車は部品代が国産車に比べて非常に高いです。

YES 外車(外国製の車)は部品代が国産車に比べて非常に高いです。

외제차는 부품 값이 국산차에 비해 매우 비쌉니다.

Words Check
- 部品代 부품 값
- 国産車 국산차
- 比べる 비교하다
- 非常に 매우
- 高い 비싸다
- 外車 외제차
- 外国製 외제

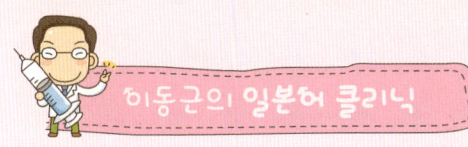

앞에서 설명했듯이 "外製"란 단어가 없으니 당연히 "外製車"란 단어도 존재하지 않습니다.

- 韓国にはまだ外国製の車が輸入されて間もないです。
  한국에는 아직 외제차가 수입된지 얼마되지 않습니다.

자동차 또한 "外国製の車"라든가 "外国製自動車"라고 표현할 수가 있지만, 일반적으로 "外車"라고 말합니다.

- 彼はろくに仕事もしていないのに親の遺産で高級外車を乗り回している。
  그는 제대로 일도 안 하는데 부모의 유산으로 고급 외제차를 타고 다닌다.

※ 다음 일본어 가운데 틀린 곳을 찾아 보세요!

海外ドラマや外画を字幕なしで見られるようになりたいです。

해답은 다음페이지에

외화

NO 海外ドラマや外画を字幕なしで見られるようになりたいです。

⬇

YES 海外ドラマや洋画を字幕なしで見られるようになりたいです。

해외 드라마나 외화를 자막 없이 볼 수 있게 되었으면 합니다.

Words Check ☐ 海外 해외 ☐ ドラマ 드라마 ☐ 洋画 외화 ☐ 字幕 자막

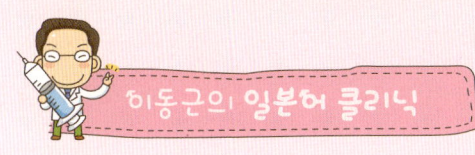

영화는 크게 자국 영화(自国の映画)와 외국 영화(外国の映画)로 나눌 수 있습니다.

우리나라의 자국 영화는 "한국영화" 혹은 "국산 영화"라 부를 수 있으며(아직도 "방화(邦畫)"라는 말로 표현하기도 합니다.) 일본에서는 자국의 영화를 "日本映画"라고 하는데, 다른 말로 "邦画"라고 부르기도 합니다.

자국 영화 외의 영화인 "외국 영화"를 줄여서 "외화(外畫)"라고 말하는데, 일본에서는 이 "外国の映画"를 줄여서 "洋画"라고 부르고 있습니다.

- 大学時代は英語の勉強のために、洋画をよく観に行きました。
  대학시절은 영어 공부를 위하여 외화를 자주 보러 갔습니다.

- 彼女はアニメだけでなく、海外ドラマや洋画吹き替えへの出演も多い。
  그녀는 애니메이션뿐만 아니라, 해외 드라마나 외화 더빙에 대한 출연도 많다.

영화에 주로 사용되는 말인 "더빙"은 외래어 "ダビング"보다는 일반적으로 일본어 "吹き替え"라고 하며, 동사 "더빙하다"는 "吹き替える"가 됩니다.

주로 성우가 많이 하는 이 더빙을 일본에서는 "声の出演"이란 표현을 써서 나타내는 경우가 많으므로 참고 바랍니다.

※ 다음 일본어 가운데 틀린 곳을 찾아 보세요!

当然のことながら、ワンショットやお酒の強要は絶対にしないでください。

해답은 다음페이지에

원샷

NO 当然のことながら、ワンショットやお酒の強要は絶対にしないでください。

YES 当然のことながら、一気飲みやお酒の強要は絶対にしないでください。

당연한 일이지만, 원샷이나 술의 강요는 절대로 하지 말아 주십시오.

Words Check
- □ 当然 당연
- □ 一気飲み 원샷
- □ お酒 술
- □ 強要 강요
- □ 絶対 절대

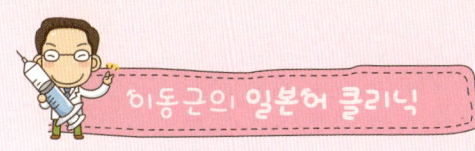

건배(乾杯, かんぱい)의 원래 뜻은 "술을 다 마셔 잔을 비운다"이지만, 이 단어는 한국에서도 일본에서도 건강이나 행복을 빌거나 혹은 축하의 뜻으로 (술잔을 들어) 술을 마시는 의미로 사용됩니다.

이 경우 우리나라에서는 흔히 "원샷"이라고 하는데, 원어인 "One shot"의 의미와는 전혀 상관이 없으며, 앞에서 설명한 "아이쇼핑(p354)"처럼 재미있게 느껴지는 한국식 외래어라고 할 수 있습니다. 따라서 One shot의 일본어 발음인 "ワンショット"라고 말해도 의미가 통하지 않습니다.

일본에서는 이와 같은 행위를 "一気飲み"라 하는데, "一気"는 "一息に(단숨에)"의 의미입니다.

- 彼はビールや焼酎の一気飲みなどをしたが、飲酒の強要はなかったという。
  그는 맥주와 소주의 원샷 등을 했지만, 음주의 강요는 없었다고 한다.

- 会社の飲み会でビールとかの一気を求められるのは嫌だった。
  회사의 회식에서 맥주 같은 것의 원샷을 요구 받는 것은 싫었다

"一気飲み"는 줄여서 "一気"라고도 하며, 또한 누군가가 "원샷"할 때 주위사람들이 분위기를 고조시키기 위해 "원샷, 원샷"하고 외치는데, 이때 일본에서는 『イッキ！イッキ！』하고 외칩니다.

※ 다음 일본어 가운데 틀린 곳을 찾아 보세요!

家から遠く離れた所に原電が建設されるのなら、賛成すると思う。

해답은 다음페이지에

원전

NO 家から遠く離れた所に原電が建設されるのなら、賛成すると思う。

YES 家から遠く離れた所に原発が建設されるのなら、賛成すると思う。

집에서 멀리 떨어진 곳에 원전이 건설된다면, 찬성하리라 생각한다.

Words Check
- 家 집
- 遠い 멀다
- 離れる 떨어지다
- 所 곳
- 原発 원전
- 建設 건설
- 賛成 찬성

이동근의 일본어 클리닉

발전소(発電所)는 전기를 일으키는 시설을 갖춘 곳을 말하며, 수력, 화력, 풍력, 원자력, 지열 등 수많은 종류가 있습니다. 그 중 하나인 원자력발전소(原子力発電所)만은 "원전"이라 하여 약어를 많이 사용하는데, 일본 또한 그 약어가 있어 "原発"이라고 합니다.

● チェルノブイリ原発の事故後、多くの国で原発建設が止まっている。
체르노빌 원전의 사고 후, 많은 나라에서 원전 건설이 멈추어 있다.

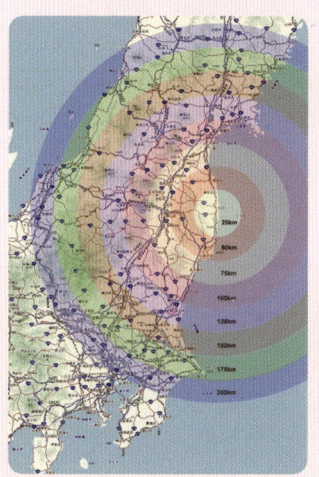

참고로 "원자폭탄"의 약어는 원폭(原爆、げんばく)이다.

福島第一原子力発電所
(福島第一原発)

東京

사고가 있었던 후쿠시마제1원전과 도쿄의 거리는 불과 200키로 남짓이다.

※ 다음 일본어 가운데 틀린 곳을 찾아 보세요!

韓国が、北朝鮮と共に、ユーエヌに加入したのは1991年のことです。

해답은 다음페이지에

제3장 약어와 외래어

유엔

NO 韓国(かんこく)が、北朝鮮(きたちょうせん)と共(とも)に、ユーエヌに加入(かにゅう)したのは1991年(ねん)のことです。

YES 韓国が、北朝鮮と共に、国連(こくれん)に加盟(かめい)したのは1991年のことです。

한국이 북한과 함께, 유엔에 가입한 것은 1991년의 일입니다.

Words Check　□ 北朝鮮(きたちょうせん) 북한　□ 国連(こくれん) 유엔　□ 加入(かにゅう) 가입　□ 加盟(かめい) 가맹

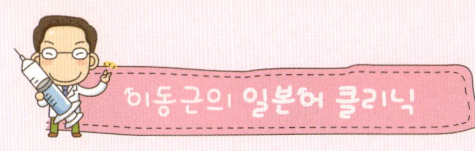

ユーエヌ는 UN의 일본어 발음입니다. 따라서 의미가 전혀 통하지 않는다고는 할 수 없겠지만, 일본에서의 일반적인 표현이 아닙니다.

국제연합은 영어로 United Nations이며, 그 약어는 UN입니다. 이에 대한 호칭을 우리나라에서는 "국제연합"보다는 UN을 주로 사용하며, 한글로 "유엔"이라고 사용하는 예도 많습니다.

그런데 일본에서는 영어 호칭보다는 한자어인 "国際連合"을 주로 사용하며, 그 줄임말인 "国連"도 많이 사용하고 있습니다.

- 国際連合加盟国は、2010年現在192か国である。
  유엔 회원국은, 2010년 현재 192개국이다.

뉴욕 맨하탄에 있는 国際連合本部ビル

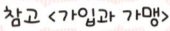 참고 <가입과 가맹>

"가입(加入)"은 보험, 연금에 들거나 조합, 각종 동호회 및 국제기구 등의 일원이 되는 것을 말하는데, 그 사용 폭은 실로 크다고 하겠다.

한국과 일본에서 큰 차이없이 사용되고 있지만, 위의 유엔 외에도 OECD, EU, FIFA 등 각종 국제기구 및 단체의 일원이 될 때 일본에서는 "가입"보다는 "加盟"이란 단어를 압도적으로 많이 사용한다.

● 日本では20歳になったら国民年金に加入しなければなりません。
일본에서는 20세가 되면 국민연금에 가입해야 합니다.

● 火事や爆発などに備えて加入するのが火災保険です。
불이나 폭발 등에 대비하여 가입하는 것이 화재보험입니다.

● 日本は早くからOECD加盟に関心を示し、1964年4月28日に加盟した。
일본은 일찍부터 OECD 가입에 관심을 보여, 1964년 4월 28일에 가입했다.
※ OECD : 경제협력개발기구(経済協力開発機構、けいざいきょうりょくかいはつきこう)

● ＥＵの加盟国はすべて死刑を廃止しており、死刑廃止はＥＵ加盟の条件でもあります。
EU 회원국은 모두 사형을 폐지하고 있으며, 사형 폐지는 EU가입의 조건이기도 합니다.

또한 국제적인 조직체의 구성원으로 되어 있는 나라를 우리나라에서는 "회원국"이라고 하는데, 일본에서는 "加盟国"이라고 한다.

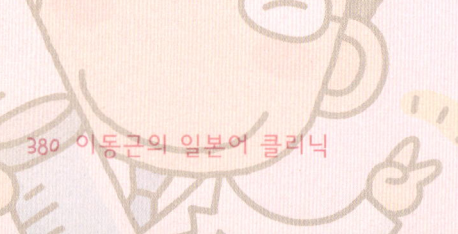

이동근 샘의 +Plus 일본어 묻진 처방

Q : 선생님, 유엔에는 수많은 나라가 가입되어있잖아요? 그런데 어떤 인터넷 기사의 문장을 보니 '많은 나라'를 "多くの国"라고 표현하지 않겠어요? 저는 일본어는 형용사가 연체형으로 활용될 때, "기본형"을 그냥 사용한다고 배웠는데요. 어째서 여기서는 기본형인 "多い(많다)"가 쓰이지 않은 거죠?

A : 네. 좋은 질문입니다. 학생의 말처럼 우리말과 달리 일본어는 형용사가 연체형(명사 등 체언을 수식)으로 활용될 때, 일반적으로 "기본형"을 그냥 사용합니다. 그런데, "多い(많다)"는 다소 특별하게 활용하는 형용사입니다.

- インドは世界で2番目に人口が多い国です。
  인도는 세계에서 두 번째로 인구가 많은 나라입니다.

- 白内障は老人に多い病気です。
  백내장은 노인에게 많은 병입니다.

형용사 "多い"는 다른 형용사들처럼 단독으로 체언을 수식하지 않습니다. 위의 ① (人口が多い)과 ②(老人に多い)에서 보듯이 "多い"의 대상은 각각 "나라" 혹은 "병"이 아닌 "인구"와 "노인"인 것입니다. 다른 형용사의 경우를 예로 들어보면 "おいしいパン"이라는 문장에서 "おいしい"의 대상은 "パン"이 됩니다. "多い"가 이와 같이 직접적으로 대상을 수식할 때의 용법은 "多くの"가 되므로 주의해야 합니다.

- 肥満は多くの病気の原因となっています。
  비만은 많은 병의 원인이 되고 있습니다.

※ 다음 일본어 가운데 틀린 곳을 찾아 보세요!

日製のカメラは、とても使いやすくて性能もいいから愛用しています。

해답은 다음페이지에

제3장 약어와 외래어　381

일제

NO 日_{にちせい}製のカメラは、とても使_{つか}いやすくて性_{せいのう}能もいいから愛_{あいよう}用しています。

YES 日_{に ほんせい}本製のカメラは、とても使いやすくて性能もいいから愛用しています。

일제 카메라는, 무척 사용하기 쉽고 성능도 좋아서 애용하고 있습니다.

Words Check
- 日_{に ほんせい}本製 일제
- カメラ 카메라
- 使_{つか}いやすい 사용하기 쉽다
- 性_{せいのう}能 성능
- 愛_{あいよう}用 애용

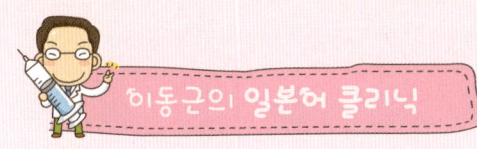

독일제품, 중국제품, 미국제품, 일본제품 등은 그 나라의 제품임을 나타내는 말인데, 그 나라에서 제작되었다거나 생산되었음을 나타내기 위하여 "○○제, ○○ 산"과 같이 국명 뒤에 접미사 "제, 산"을 붙여 사용하기도 합니다.

- 安い物はやっぱり中国製が多く、どうしても質が落ちる。
  싼 물건은 역시 중국제가 많고, 아무래도 질이 떨어진다.

그런데, 특이하게 우리말은 앞의 "외제"와 "일제, 미제"에 한하여 약어를 가지고 있는데, 일본어에는 약어를 사용하지 않습니다.

- 刃物というとドイツ製の方が日本製より高級品と思われます。
  칼 종류라고 하면 독일제가 일제보다 더 고급품으로 생각됩니다.

미국(美國)은 일본어로 "米国(p218)"라고 하므로, "미제(美製)"는 일반적으로 "米国製(or アメリカ製)"라고 합니다. 다만, 기사의 제목 등에서 가끔 "米製"라고 사용하는 경우가 있는데 이 경우 "べいせい"라고 읽습니다. 이 단어는 일반적으로 "こめせい"라고 읽으며 "쌀로 만든"이라는 뜻입니다.

- この国は衣服、靴やタバコなどの大半が米国製、家電製品は韓国製が多い。
  이 나라는 의복, 구두나 담배 등의 태반이 미제, 가전제품은 한국제가 많다.

* 다음 일본어 가운데 틀린 곳을 찾아 보세요!

南山は頂上付近までケーブルカーで行けるので楽です。

해답은 다음페이지에

케이블카

NO 南山は頂上付近までケーブルカーで行けるので楽です。

YES 南山は頂上付近までロープウェイで行けるので楽です。

남산은 정상 부근까지 케이블카로 갈 수 있어서 편합니다.

Words Check
- 頂上 정상
- 付近 부근
- ロープウェイ 케이블카
- 行ける 갈 수 있다
- 楽だ 편하다

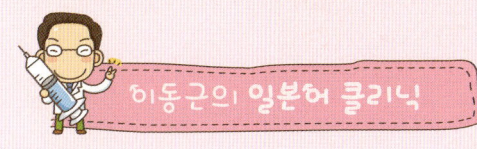

남산 케이블카는 1962년부터 운행을 시작한 우리나라 최초의 케이블카입니다. 우리 나라에서는 대체로 아래 그림의 ①번을 "케이블카"라고 부릅니다.

①ロープウェイ

②ケーブルカー

일본 사람들 중에 ①의 교통수단을 ケーブルカー라고 말하는 사람이 없다고 할 수는 없지만, 일반적으로 위 사진 ①은 ロープウェイ라고 말합니다.

일본에서 말하는 ケーブルカー는 주로 사진 ②처럼 산의 경사면에 선로가 깔려 있고, 그 선로 사이에 케이블이 설치가 되어 있어 케이블의 힘으로 산을 오르내리는 마치 꼬마 열차와 같은 모습을 하고 있습니다.

우리나라는 ②와 같은 ケーブルカー(케이블 열차)는 거의 없으며 ①의 ロープウェイ(케이블카) 또한 있는 곳이 얼마 되지 않지만, 일본의 경우 ②의 ケーブルカー가 설치되어 있는 곳은 수 십 곳이며, ①의 ロープウェイ가 설치되어 있는 곳은 수 백 곳에 이릅니다.

따라서 우리말 케이블카를 일본어로 직역을 하게 되면, 대부분의 사람들이 ②를 연상할 수 있기 때문에 주의해서 사용해야 합니다.

● サンフランシスコ名物ケーブルカーに乗るために、1時間も待った。
  샌프란시스코 명물 케이블카를 타기 위해, 1시간이나 기다렸다.

위의 문장은 각각 일본 및 한국의 인터넷 사이트에 많이 나와 있는 표현입니다. 재미있는 점은 우리나라 사이트의 경우 "우리나라 케이블카와는 다르다"며 부연 설명을 많이 하고 있다는 점입니다. 그도 그럴 것이 샌프란시스코의 명물은 뒷 장의 사진과 같은 것이기 때문입니다.

그런 이유에서일까 일본과는 달리 우리나라 사이트에는 "전차" 혹은 "트램" 이라고도 많이 표현하고 있습니다.

● サンフランシスコ名物(めいぶつ)のひとつであるケーブルカー。今(いま)から１３７年前(ねんまえ)の1873年(ねん)８月(がつ)１日にサンフランシスコの街(まち)に登場(とうじょう)したそうです。
샌프란시스코 명물 중 하나인 트램. 지금부터 137년 전인 1873년 8월 1일에 샌프란시스코 거리에 등장했다고 합니다.

이동근 샘의 +Plus 일본어 문진 처방

Q : 선생님, 일본어에는 '내리다'라는 표현이 다양하다고 들었는데요. 케이블카나 버스, 지하철 등을 이용할 때의 '내리다'에는 어떤 표현을 사용하는 게 맞나요?

A : 네. 좋은 질문입니다. 일본에서 사용하는 내리다라는 표현은 대표적으로 3가지를 들 수 있습니다. 어디 한 번 배워볼까요?

 참고 〈내리다〉

- 下ろす・降ろす :(주로 위에서 아래로) 내리다 ↔ 자동사 下りる・降りる
  荷物[乗客, 幕 …]をおろす   짐[승객, 막 …]을 내리다

- 下げる : 정도, 가치, 금액, 온도 등을 이전보다도 낮게 하다. ↔ 자동사 下がる
  値段[料金, 温度 …]を下げる   값[요금, 온도 …]을 내리다

- 下す :(명령, 평가, 결론 등 추상적인 내용을) 내리다 ↔ 자동사 下る
  命令[結論, 判決 …]を下す   명령[결론, 판결 …]을 내리다

버스나 지하철 등 이동 수단을 타고 내리는 것은 기본적으로 승강(乗降, 타고 내림)이 원칙이죠. 때문에 이동 수단을 내릴 때에는 "降りる", "降ろす"를 사용하면 된답니다.

● バスやタクシーを降(お)りる時(とき)は忘(わす)れ物(もの)のないようお気(き)をつけ下さい。
버스나 택시를 내릴 때는 잊은 물건이 없도록 조심해 주십시오.

● あの交差点(こうさてん)を過(す)ぎて、市立図書館前(しりつとしょかんまえ)で(わたしを)降(お)ろしてください。
그 교차로를 지나서, 시립도서관 앞에서 (나를) 내려 주십시오.

자가진단

※ 다음 일본어 가운데 틀린 곳을 찾아 보세요!

① 先週(せんしゅう)韓流(かんりゅう)スター、Kさんが5年(ねん)ぶりのファン合(ごう)コンをしました。

② その歌手(かしゅ)は来年東京(らいねんとうきょう)ドームでのファンミーティングを計画(けいかく)している。

해답은 다음페이지에

팬미팅

NO
① 先週韓流スター、Kさんが5年ぶりのファン合コンをしました。
② その歌手は来年東京ドームでのファンミーティングを計画している。

YES
① 先週韓流スター、Kさんが5年ぶりのファンクラブイベントを行った。
② その歌手は来年東京ドームでのファン感謝イベントを計画している。

지난 주에 한류스타, K씨가 5년만의 팬 미팅을 했습니다.
그 가수는 내년에 도쿄 돔에서의 팬 미팅을 계획하고 있다.

Words Check
- □ 先週 지난 주
- □ 韓流 한류
- □ イベント 이벤트
- □ 歌手 가수
- □ 来年 내년
- □ 感謝 감사
- □ 計画 계획

 히동근의 일본어 클리닉

수많은 팬을 지닌 운동선수, 배우, 가수 등의 유명인이 자신의 인기 정도에 따라서 수백에서 수만 명까지 체육관 등에서 팬과 만나는 행사를 여는 일이 있는데 최근에 이를 "팬미팅" 혹은 "팬과의 만남"이라고 부르고 있습니다.

위 예문의 일본어 표현은 야후 저팬 등 일본 사이트에도 많이 보이는데, 거의 대부분이 우리나라의 일본어 사이트입니다. 아마 "팬"과 앞에서 다룬 "미팅(p332)"의 뜻으로 주로 사용되는 "ミーティング" 및 "合コン"을 결합해서 사용한 듯합니다.

그러나, 일본에서는 유명인과 팬들과의 만남, 즉 "팬미팅"을 "ファンクラブイベント" 혹은 "ファン感謝(かんしゃ)イベント"라고 표현하고 있습니다.

 자가진단

※ 다음 일본어 가운데 틀린 곳을 찾아 보세요!

現在(げんざい)大国(たいこく)の中(なか)で航母(も)を持っていないのは中国(ちゅうごく)だけだ。

해답은 다음페이지에

제3장 약어와 외래어　389

항모

NO 現在(げんざいたいこく)大国の中(なか)で航母(も)を持っていないのは中国(ちゅうごく)だけだ。

YES 現在大国の中で空母(くうぼ)を持っていないのは中国だけだ。

현재 강대국 중에서 항모를 갖고 있지 않은 건 중국뿐이다.

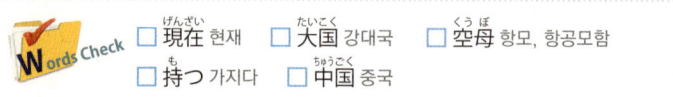

- 現在(げんざい) 현재
- 大国(たいこく) 강대국
- 空母(くうぼ) 항모, 항공모함
- 持つ(も) 가지다
- 中国(ちゅうごく) 중국

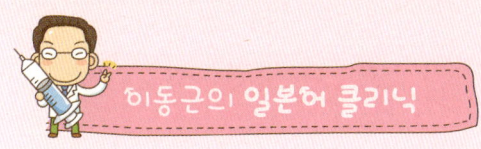

"항공모함"이란 항공기를 탑재하여 그것을 발착시키는 비행 갑판과 격납고를 갖춘 군함을 말하며, 줄여서 "항모(航母)"라고도 합니다. 미국을 비롯한 전세계 9개국만이 가지고 있는 이 "航空母艦"을 일본에서는 "空母"라고 줄여서 부르고 있습니다.

● 空母一隻保有すると維持費が年間１兆円かかります。
　항공모함 한 척 보유하면 유지비가 연간 1조엔 듭니다.

다만, "항공모함"이란 단어를 즐겨 쓰는 우리나라와 달리 일본에서는 일반적으로 "空母"라고 합니다.

미국 항모 조지워싱턴호(アメリカ空母ジョージ・ワシントン)

연습문제   제3장 약어 및 외래어

❖ 다음 괄호 속에 들어갈 단어 중 일본에서 사용하는 외래어로서 적당하지 못한 단어는 어느 것인가?

1 최근에 <u>노트북</u>을 가지고 밖에서 일을 하는 기회가 많습니다.
   → 最近(   )を持って外で仕事をする機会が多いです。
   ① ノートブック   ② ノートＰＣ
   ③ ノートパソコン   ④ ノート型パソコン

2 돌아가신 부모님이 살던 집을 <u>리모델링</u>해 살고 있습니다.
   → 亡くなった両親が住んでいた家を(   )して住んでいます。
   ① リフォーム   ② リモデル   ③ リモデリング   ④ 改造

❖ 다음 3~7번 예문 속에서 일본어로서 부적절한 표현이 있다면 찾아서 바르게 고치시오.

3 ミーティングの人数は３対３または４対４が良いと言われている。（   ）

4 外国人労働者は主に韓国人が敬遠する３Ｄ業種に従事している。（   ）

5 紫外線の強い日に外出するときには、必ずサンクリームを塗ります。（   ）

6 外画や海外のドラマを利用して英語を勉強するのも良い方法だ。（   ）

7 1979年、アメリカのある島で世界初の原電事故が起きた。（   ）

MEMO

어휘 색인 (일본어 중심)

あいしょうか(愛唱歌)	250	かいがく(開学)	21
アジアきょうぎたいかい(競技大会)	352	かいけい(会計)	28
		がいこくせい(外国製)	368
あしこし(足腰)	302	がいこくたばこ(外国煙草)	360
アダルトビデオ(AV)	213	かいさつ(改札)	188
アパート	356	がいしゃ(外車)	370
アルミホイル	272	かいしゅう(回収)	233
あんか(安価)	281	かいしょく(会食)	176
あんしょうばんごう(暗証番号)	234	かいぞう(改造)	325
いいんちょう(委員長)	82	かいひょう(開票)	188
いち(位置)	264	かいふう(開封)	16
いっきのみ(一気飲み)	374	かくへいき(核兵器)	306
いっしょう(一生)	168	かくやすこうくう(格安航空)	280
いっぱんしつ(一般室)	297	かこうび(加工日)	270
インターネットカフェ	339	かし(下肢)	302
インフルエンザ	346	かぜ(風邪)	347
いんりょうすい(飲料水)	132	がぞう(画像)	213
ウインドショッピング	354	かつあい(割愛)	170
ウェットティッシュ	173	がっきゅう(学級)	84
うちゅうじん(宇宙人)	260	がっきゅういいん(学級委員)	82
うちゅうひこうし(宇宙飛行士)	262	かにゅう(加入)	380
うんてんだいこう(運転代行)	204	かはんしん(下半身)	301
えいぞう(映像)	212	かめい(加盟)	378
エーティエムＡＴＭ	308	かようきょく(歌謡曲)	208
エックスせん(線)	362	カラオケ	339
えんげいじん(演芸人)	126	かんきせん(換気扇)	314
エンジン	114	かんきゃくせき(観客席)	194
おかわり	326	かんごし(看護師)	14
おごる(奢る)	28	かんじ(幹事)	158
おはこ	252	かんしゅう(観衆)	194
おりかえしてん(折り返し点)	220	かんじょう(勘定)	26
がいかい(外界)	261	かんじょうだかい(勘定高い)	35

かんだい(寛大)	100	げんざいち(現在地)	312
かんらんせき(観覧席)	195	けんじょうしゃ(健常者)	238
きげん(期限)	268	けんしん(検診)	22
きちょう(記帳)	160	げんぱつ(原発)	376
キッチンペーパー	173	コイン	69
きほんりょうきん(基本料金)	42	コインロッカー	226
キャッシュカード	345	こうか(硬貨)	68
きゅうか(休暇)	89	こうきゅう(高級)	36
きゅうけいしつ(休憩室)	181	こうきょうこうつう(公共交通)	206
きゅうゆ(給油)	148	こうこうせい(高校生)	192
ぎょうざ(餃子)	70	ごうこん(合コン)	332
きょうそうりつ(競争率)	24	こうしゅうよくじょう(公衆浴場)	
きょうどうけいえい(共同経営)	66		208
きんきゅうちゃくりく(緊急着陸)		こうそうかい(高層階)	38
	236	こくれん(国連)	378
ぎんこうか(銀行家)	275	こし(古紙)	298
きんぱく(金箔)	273	こじいん(孤児院)	229
ぎんぱく(銀箔)	273	こしつビデオてん(個室ビデオ店)	
くうぼ(空母)	390		338
くちぱく(口パク)	330	こじんせん(個人戦)	19
くやくしょ(区役所)	200	こてん(個展)	18
グリーン車	296	こどものいえ(子供の家)	256
クレジットカード	344	ごらくしつ(娯楽室)	128
けいさん(計算)	26	コンピューター	321
けいさんだかい(計算高い)	34	サービスエリア	180
けいじどうしゃ(軽自動車)	190	さいこう(最高)	224
げいのうじん(芸能人)	126	さいばんしょ(裁判所.)	224
ケーブルカー	384	さいりよう(再利用)	279
ゲームセンター	128	ざこう(座高)	302
けしょうがみ(化粧紙)	172	さんケイしょくば(3K職場)	340
げんきょう(元凶)	146	サンスクリーン剤	343
けんこうしんだん(健康診断)	22	しかいぎいん(市会議員)	246

어휘 색인 (일본어 중심)

しがいきょくばん(市外局番)	288
じかよう(自家用)	140
じかようしゃ(自家用車)	140
じどうようごしせつ(児童養護施設)	228
シスター	111
しちょう(市庁)	116
しどう(始動)	114
しはらう(支払う)	28
しやくしょ(市役所)	116
しゅういつかせい(週五日制)	287
しゅうきゅうふつかせい(週休二日制)	286
しゅうごうしゃしん(集合写真)	54
しゅうしゅう(収集)	232
しゅうどういん(修道院)	111
しゅうどうじょ(修道女)	110
じゅうはちばん(十八番)	252
しゅはん(主犯)	146
しょうがい(生涯)	168
しょうがい(障害)	239
じょうきゅう(上級)	36
じょうたい(上体)	300
しょうてんがい(商店街)	291
じょうはんしん(上半身)	301
しょうひきげん(消費期限)	270
しょうみきげん(賞味期限)	268
しょくいんかいぎ(職員会議)	196
しょくいんしつ(職員室)	196
しょくせい(食性)	118
じょしこう(女子高)	364
じょしだい(女子大)	366
しょしん(初心)	293
しょしんうんてんしゃ(初心運転者)	294
しょしんしゃ(初心者)	292
しょち(処置)	100
しょどう(書道)	240
しょにん(初任)	156
しょにんきゅう(初任給)	156
しょぶん(処分)	100
しょほ(初歩)	292
しんがた(新型)	346
しんがっき(新学期)	20
シングルス	52
シングルマザー	350
しんごうき(信号機)	120
しんたいけんさ(身体検査)	216
しんたいそう(新体操)	214
しんどう(震動, 振動)	152
じんどう(人道)	134
スーツ	122
すききらい(好き嫌い)	118
すわりこむ(座り込む)	50
せいかい(正解)	144
せいき(西紀)	98
せいけい(成形)	104
せいけいげか(整形外科)	106
せいけいしゅじゅつ(整形手術)	104
せいさん(精算)	28
せいとう(正答)	144
せいふく(制服)	198
せいり(整理)	160
せいれき(西暦)	98

せびろ(背広)	122	でんきがい(電気街)	291
ぜんしょ(善処)	100	でんたく(電卓)	31
せんとう(銭湯)	208	トイレットペーパー	172
せんぷう(旋風)	60	どうが(動画)	212
せんぷうき(扇風機)	315	どうきょ(同居)	62
せんぷく(潜伏)	142	どうぎょう(同業)	66
そうさく(捜索)	216	どうせい(同棲)	62
そうむ(総務)	158	どうせん(銅銭)	68
そくどいはん(速度違反)	108	どうたい(胴体)	300
そち(措置)	100	とうどり(頭取)	274
そつぎょうしょうしょ(卒業証書)	284	とくべつしつ(特別室)	297
		とけいまわり(時計回り)	112
だいがく(大学)	56	とっぷう(突風)	60
たげいたさい(多芸多才)	166	なまみず(生水)	96
だいこううんてん(代行運転)	205	にそう(尼僧)	258
たいしゅう(大衆)	206	にっしょく(日食)	136
ださんてき(打算的)	35	にほんしょく(日本食)	136
ダブルス	53	にほんせい(日本製)	382
たべほうだい(食べ放題)	328	にほんだいひょう(日本代表)	202
たんい(単位)	304	にゅうがん(乳がん)	266
たんしき(単式)	52	にゅうよく(入浴)	74
だんたい(団体)	55	のうぎょう(農業)	46
だんち(団地)	356	ノートパソコン	320
ちかがい(地下街)	290	のみかい(飲み会)	176
ちゅうゆ(注油)	148	のみほうだい(飲み放題)	328
つかいすて(使い捨て)	276	のみみず(飲み水)	248
つくる(作る)	48	のみもの(飲み物)	133
ていか(定価)	281	パーキングエリア	181
ていかかく(低価格)	281	バイキング	334
ティッシュ	173	はいのう(背嚢)	90
できこん(でき婚)	108	ばいりつ(倍率)	25
テレホンカード	345	ばくはつてき(爆発的)	242

어휘 색인 (일본어 중심)

はくらいひん(舶来品)	369		ぶんり(分離)	230
パスワード	235		へいき(兵器)	307
パソコン	321		べいこく(米国)	218
バックパック	90		へいぜい(平生)	168
はつのり(初乗り)	42		へんかん(返還)	220
はっぽうびじん(八方美人)	164		ほいくえん(保育園)	228
はなをつく(鼻を突く)	154		ほいくじょ(保育所)	256
はりこみ(張り込み)	142		ぼうえい(防衛)	86
ばんごうふだ(番号札)	222		ほうがく(放学)	88
ハンスト	51		ぼうぎょ(防御)	86
はんちょう(班長)	82		ボディチェック	217
はんとけいまわり(反時計回り)	112		ほどう(歩道)	134
ビギナー	293		ほどうきょう(歩道橋)	130
ひと(人)	94		ほんかくてき(本格的)	245
ひゃくしょう(百姓)	47		マイカー	140
ひやけどめ(日焼け止め)	342		マルチ人間	164
ビュッフェ	334		マナーモード	152
びようげか(美容外科)	106		マンション	356
ひょうへん(豹変)	210		まんじゅう(饅頭)	70
ファンクラブイベント	388		みちのえき(道の駅)	182
ふうきる(封切る)	16		ミーティング	332
ぶき(武器)	307		ミネラルウォーター	96
ふきかえる(吹き替える)	373		むしめがね(虫眼鏡)	58
ふじちゃく(不時着)	237		めいひん(名品)	72
ふだ(札)	222		メーター	44
ふつうしゃ(普通車)	296		もくとう(黙祷)	78
ブランド品	72		もくねん(黙念)	78
プリペイドカード	345		もくよく(沐浴)	74
ふろ(風呂)	76		もと(元)	264
ぷろきゅう(プロ級)	244		もの(者)	94
ふんべつ・ぶんべつ(分別)	230		やかんえいぎょう(夜間営業)	255
ぶんぼうぐ(文房具)	80		やくしょ(役所)	201

やくば(役場)	201
やけい(夜景)	102
やこうれっしゃ(夜行列車)	254
やすみ(休み)	88
ゆきげしき(雪景色)	102
ようが(洋画)	372
ようふく(洋服)	122
ようもく(洋もく)	360
リサイクルショップ	278
リズム	214
リモデリング	324
りっきょう(陸橋)	130
リフィル	326
リフォーム	324
りゅうつう(流通)	268
リュックサック	91
レーシック手術	322
レジ	32
レントゲン	362
ろうがんきょう(老眼鏡)	59
ろうじょう(籠城)	50
ロープウェイ	384
わしょく(和食)	136
わふく(和服)	123
ワーキングマザー	351

연습문제 정답

제1장 같은 단어 다른 뜻

1. ② 看護師
2. ④ 個展
3. ③ 旋風
4. ④ 健康
5. ① 計算
6. ④ 背嚢
7. ③ 信号灯
8. (×) 3対1→3倍、10対1→10倍
9. (×) 大学校→大学
10. (×) 文房具→文房具店、文房具屋、文具店
11. (×) 成形→整形
12. (×) 修女→修道女、シスター、尼僧
13. (×) 日食→和食、日本食
14. (×) 自家用→自家用車、マイカー

제2장 일본어에 없는 단어

1. ③ 高等学生→高校生
2. ① 観衆席
3. ② 銀行長→(銀行の)頭取
4. ③ 乳房(癌)→乳(癌)
5. (×) 校服→制服
6. (×) 区庁→区役所
7. (×) 代理運転→運転代行、代行運転
8. (×) 大衆交通→公共交通
9. (×) 突変→豹変
10. (×) 番号票→番号札
11. (×) 秘密番号→暗証番号

제3장　약어 및 외래어

1　①ノートブック
2　③リモデリング
3　（　×　）ミーティング→
　　　　　　合コン
4　（　×　）３Ｄ→３Ｋ
5　（　×　）サンクリーム→
　　　　　　日焼け止め(クリーム)
6　（　×　）外画→洋画
7　（　×　）原電→原発

MEMO

앞으로 또 다른 일본어 처방이 필요할 때는?

다음에서 '이동근의 일본어 클리닉'을 검색하시거나
아래 URL로 내원하셔서 이동근 선생님의 일본어 처방을 받아보세요! ^^

http://cafe.daum.net/japanese1961

이동근의
일본어 클리닉

초판인쇄 _ 2012년 10월 4일
초판발행 _ 2012년 10월 10일

저자 _ 이동근
펴낸이_ 엄호열
편집장_ 민준홍
책임편집_ 민준홍 · 장민규
표지디자인_ 서동화
일러스트 _ 야하타 에미코
펴낸곳_ (주)시사일본어사
등록일자 _ 1977년 12월 24일
등록번호 _ 제 300 - 1977 - 31호
주소 _ 서울시 강남구 테헤란로 4길 28
전화 _ 1588 - 1582   팩스 _ (02) 3671 - 0500
홈페이지 _ http://book.japansisa.com
이메일 _ tltk@chol.com

ISBN 978-89-402-9105-4 13730

*이 교재의 내용을 사전 허가없이 전재하거나 복제할 경우
  법적인 제재를 받게 됨을 알려 드립니다.
*잘못된 책은 구입하신 서점이나 본사에서 교환해 드립니다.
  정가는 표지에 표시되어 있습니다.